洋経済

鉄道・航空の惨状

週刊東洋経済 eビジネス新書　No.356

鉄道・航空の惨状

本書は、東洋経済新報社刊『週刊東洋経済』2020年10月3日号より抜粋、加筆修正のうえ制作しています。情報は底本編集当時のものです。このため、新型コロナウイルス感染症等による、その後の経済や社会への影響は反映されていません。（標準読了時間　90分）

鉄道・航空の惨状　目次

航空と鉄道の厳しい現状

新型コロナウイルスの世界的流行で多くの業界が打撃を受けたが、とくにダメージが大きいのが航空、鉄道業界だ。

航空業界では2020年1～3月から各国間の入国制限により国際線に影響が出ていたが、国内線も4月の緊急事態宣言を受けた外出自粛により利用客が消えた。

20年度第1四半期の売上高は、国内最大手の全日本空輸やLCC(格安航空)のピーチ・アビエーションを傘下に持つANAホールディングス、日本航空(JAL)ともに7割減と沈んだ。とくにJALは、20年度からIFRS(国際会計基準)に移行しているため単純比較はできないが、第1四半期当期純利益の赤字額937億円は、経営破綻の直前だった2009年度第1四半期の当期純利益990億円の赤字に匹敵する。

2社の純資産を赤字額で割ると、ANAは2・4年、JALは3・0年で食い潰すことになる。ANAの福澤一郎常務は「（第三者からの）出資については慎重に見極めていきたい」としたうえで、「もし下期以降に（資本増強を）行うとすれば、（形態は）劣後ローンなどになるかもしれない」と話す。

実際、すでに複数の大手エアラインが経営破綻した海外勢と比べると、ANAとJALの財務体質は相対的にしっかりしている。とはいえ、業界団体のIATA（国際航空運送協会）は、世界の航空需要が新型コロナの感染拡大前の水準に回復する時期を2024年としており、先行きは見通せない。

海外では採算が悪化した国際線を持つ大手航空会社に対して、国が資金支援するケースも出てきた。逆に、国の支援を取り付けられず経営破綻した会社もあり、国が命運を握っている状況だ。

では、ANA・JALにも公的資金が投入されるのか。ある国土交通省OBは「今のまま需要が低迷すれば、1年後には何らかの交換条件付きで交渉がなされるのではないか」と推察する。

鉄道業界はどうか。ＪＲ本州３社の２０年度第１四半期決算は、ＪＲ東日本とＪＲ西日本の売上高が半減、ＪＲ東海の売上高は７割減だった。ＪＲ東海は東海道新幹線が収益柱という一本足経営。航空同様、長距離移動の低迷が直撃した。ＪＲ東日本とＪＲ西日本は新幹線のほかに通勤など近距離需要もあるため、ＪＲ東海に比べて売り上げの落ち込み幅は小さかった。

鉄道事業は航空以上に費用に占める固定費の比率が高い。航空業界は減便や機材の小型化を臨機応変に行うことで燃料費を節約しているが、ＪＲ３社は航空に比べると運休の程度が小さいうえ、運行に必要な燃料費（電気代など）が飛行機ほどかからないからだが、１編成の車両数を１６両から１０両に減らすといったことはしていない。「編成を変える手間を惜しんでいる。自分たちの都合にすぎない」（えちごトキめき鉄道の鳥塚亮社長）との指摘もある。費用が減らないため、売り上げの減少が利益の減少にほぼ直結する。

20年9月16日、JR東日本とJR西日本はそれまで未定としていた20年度業績予想を発表した。下期に少し持ち直すという想定で第1四半期ほど悲惨ではないが、それでも当期純利益はJR東日本が4180億円の赤字、JR西日本は2400億円の赤字。仮に21年度以降もこのペースで赤字が続くとしたら、JR東日本は7・6年、JR西日本は5・1年で純資産を食い潰すことになる。

JR東海は、「新型コロナの影響を見通せない」として、9月17日時点で20年度の業績予想は未定のままだ。第1四半期の赤字額を基に計算すると、13・3年で純資産を食い潰すことになる。他社よりも余裕があるように見えるが、問題は現在工事が進行中のリニア中央新幹線だ。品川‐名古屋間の事業費5・5兆円のうち、財政投融資で3兆円を調達済みだが、残る2・5兆円は自己資金と金融機関からの資金調達に頼ることになる。それを考慮すると財務体質は今よりも悪くなる。大手私鉄各社も新型コロナで打撃を受けているものの、通勤などの短距離移動が主体であり、JRと比べ影響は小さそうだ。

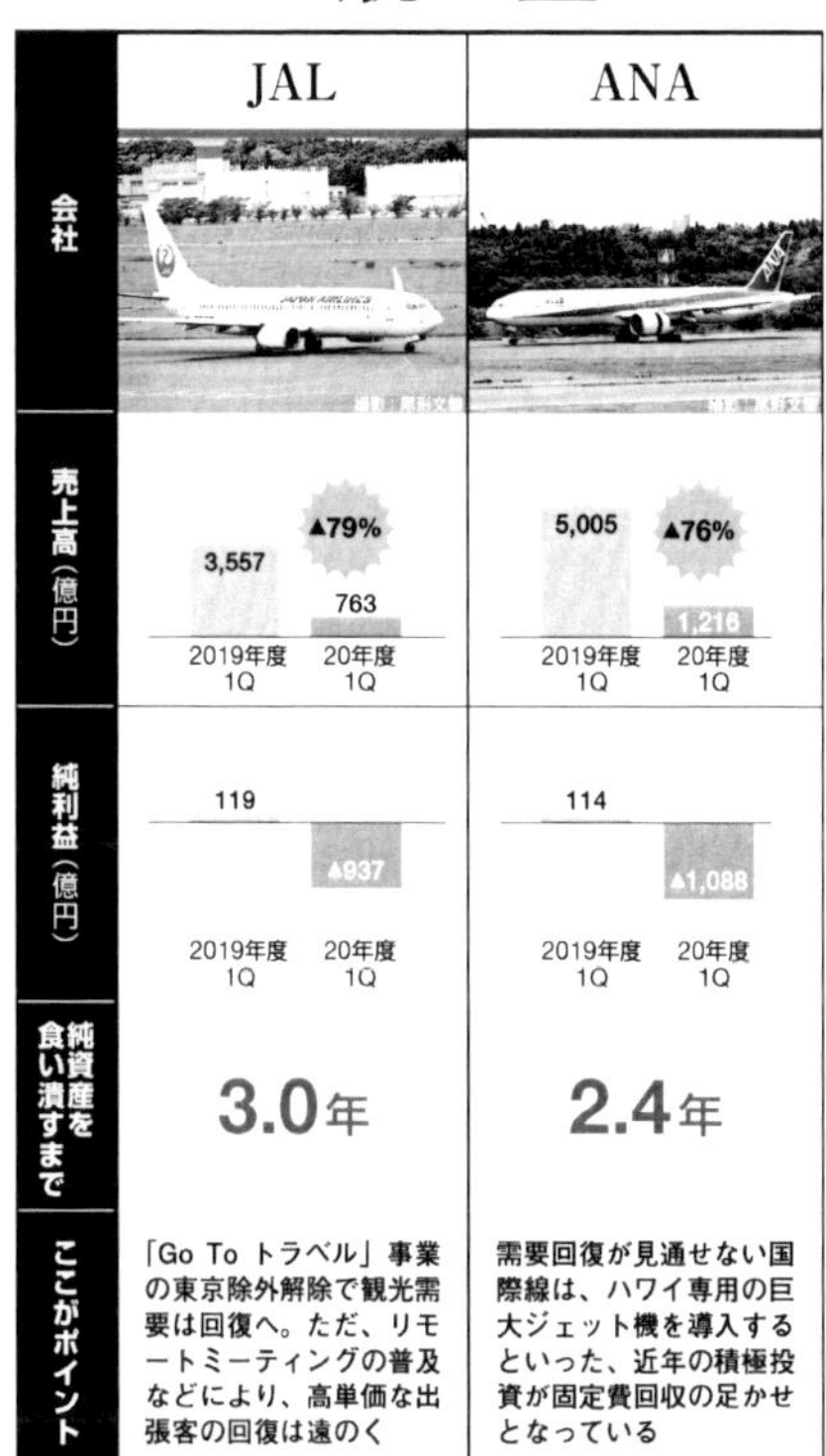

鈍い需要回復で迫り来る純資産の消滅

航　空

	JAL	ANA
会社		
売上高（億円）	2019年度1Q 3,557 / 20年度1Q 763（▲79%）	2019年度1Q 5,005 / 20年度1Q 1,216（▲76%）
純利益（億円）	2019年度1Q 119 / 20年度1Q ▲937	2019年度1Q 114 / 20年度1Q ▲1,088
純資産を食い潰すまで	3.0年	2.4年
ここがポイント	「Go To トラベル」事業の東京除外解除で観光需要は回復へ。ただ、リモートミーティングの普及などにより、高単価な出張客の回復は遠のく	需要回復が見通せない国際線は、ハワイ専用の巨大ジェット機を導入するといった、近年の積極投資が固定費回収の足かせとなっている

航空に比べ痛手少なく、変動運賃などで攻勢

鉄道

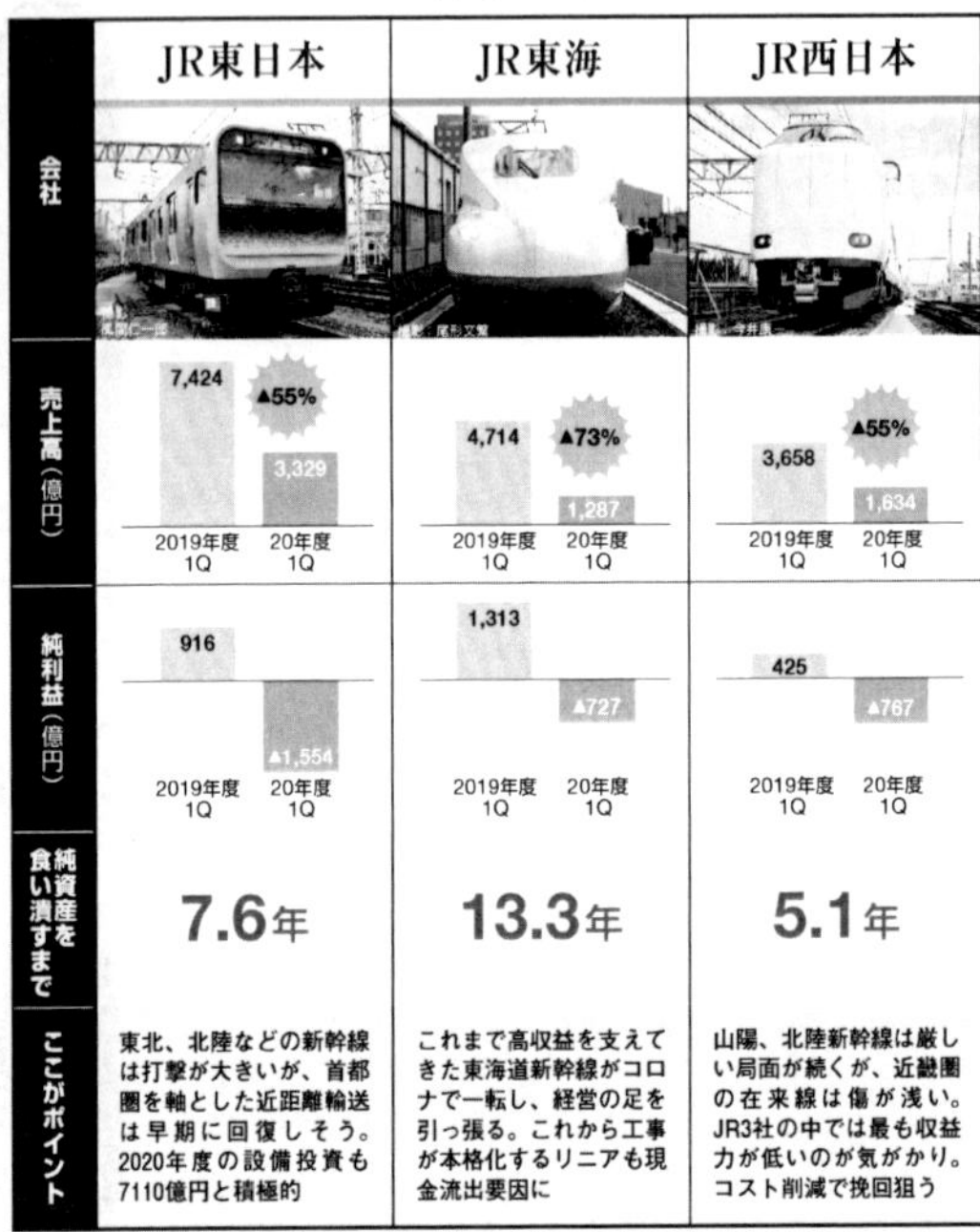

	JR東日本	JR東海	JR西日本
会社			
売上高（億円）	2019年度1Q 7,424 20年度1Q 3,329 ▲55%	2019年度1Q 4,714 20年度1Q 1,287 ▲73%	2019年度1Q 3,658 20年度1Q 1,634 ▲55%
純利益（億円）	2019年度1Q 916 20年度1Q ▲1,554	2019年度1Q 1,313 20年度1Q ▲727	2019年度1Q 425 20年度1Q ▲767
純資産を食い潰すまで	7.6年	13.3年	5.1年
ここがポイント	東北、北陸などの新幹線は打撃が大きいが、首都圏を軸とした近距離輸送は早期に回復しそう。2020年度の設備投資も7110億円と積極的	これまで高収益を支えてきた東海道新幹線がコロナで一転し、経営の足を引っ張る。これから工事が本格化するリニアも現金流出要因に	山陽、北陸新幹線は厳しい局面が続くが、近畿圏の在来線は傷が浅い。JR3社の中では最も収益力が低いのが気がかり。コスト削減で挽回狙う

（注）JALは2020年度第1四半期からIFRS（国際会計基準）に移行。純資産を食い潰すまでの年数は19年度末の純資産を20年度の純利益（航空2社とJR東海は20年度第1四半期の純利益の4倍、JR東日本とJR西日本は20年度の予想純利益）で割って算出。▲はマイナス

航空・鉄道の大再編も

厳しい経営が続く中、ANAはハワイ便で使用するエアバスA380を使って、成田発着の遊覧飛行を8月に実施した。ハワイに行かずともハワイ旅行気分を味わえると好評を博した。コロナ禍で通常運航ができないからこそ可能となった施策ともいえる。

環境変化を経営改革の好機と捉える動きも出てきた。JR貨物は北海道新幹線の札幌延伸の先に「貨物新幹線」の実現を模索する。JR東日本は約10年後を見据えた「変革2027」という長期経営計画を18年に策定しているが、「コロナの影響によって早く実行しないといけなくなった」（深澤祐二社長）。JR東日本とJR西日本は変動運賃の導入の検討に動き出した。オフピークの運賃を値下げすることで利用増が見込めると同時に、ピーク時の人員や設備を減らせるため経費を節減できる。ただ、これで収支が回復しない場合は、運賃を抜本的に値上げするという可能性もある。航空同様、公的資金投入の可能性も拭えない。いずれにせよ、まずは自助努力による収支改善が必要であることは言うまでもない。

欧州では、フランス政府がエールフランスに対して高速鉄道ＴＧＶと競合する短距離路線の再開断念を経済支援の条件にするという、航空と鉄道の垣根を越えた政策を打ち出した。過去には経営難に陥ったイタリアの航空会社の支援にイタリア鉄道が名乗りを上げたこともある。

日本でも戦後、鉄道各社が黎明期の航空産業を支えてきた。東急はかつてグループ内に航空部門を抱え、傘下の日本国内航空は後に東亜航空と合併して東亜国内航空（その後日本エアシステムに社名変更）となり、ＪＡＬ、ＡＮＡとともに3大航空の一翼を担った。名古屋鉄道はＡＮＡの前身である日本ヘリコプター輸送に出資したほか、小牧空港のグランドハンドリング業務を引き受けていた。

新型コロナは近代社会がこれまでに遭遇した中で最も深刻な危機の一つといえる。だからこそ、平時では考えつかないような経営改革や再編を行うといった大胆な発想が必要だろう。

（森田宗一郎、大坂直樹）

エアラインの崖っぷち

驚異的な視聴率をたたき出したＴＢＳのドラマ「半沢直樹」。経営難の「帝国航空」をめぐって、銀行に巨額の債権放棄を迫る女性国土交通相と「帝国航空再生タスクフォース」に対し、債権放棄の回避に向けて、東京中央銀行の行員・半沢が悪戦苦闘する物語だ。モデルになったのは１０年前の日本航空（ＪＡＬ）の破綻劇であることは言うまでもない。

元キャスターの白井国交相のモデルは、当時の前原誠司国交相とも、やはり元キャスターの蓮舫参議院議員ともいわれるが、１０年前、実際に銀行団と向き合ったのは、国交副大臣で日本航空再建対策本部事務局長だった辻元清美衆議院議員だ。はじめから「法的整理」を確信していた辻元氏と、「私的整理」で走っていた銀行団は、激しくぶつかり合うことになる。

「銀行には何度も集まってもらって交渉した。その会議がいちばんしんどかった」と振り返る辻元氏。「ＪＡＬを甘やかしてきたのは国交省」「経営破綻する会社に追加融資はできない」と突き上げられたが、会議の後、最も激しく当たってきた行員からアメ玉を差し出されたときには、涙がこぼれそうになったという。

「厳しい交渉で当時はやせ細っていた。でも去年、パーティーでアメ玉をくれた人と話す機会があった。『銀行団として最初は本当に何なんだと思っていたが、あれでよかった』と言ってくれた」（同）

そしてもう一方の悪役、「帝国航空再生タスクフォース」のモデルとなった「ＪＡＬ再生タスクフォース」でサブリーダーだった経営共創基盤の冨山和彦代表も、当時を生々しく振り返る。

「当時のＪＡＬの資金繰りは本当に厳しかった。彼らがそれを自覚していないことにも愕然とした」

当時のＪＡＬは人件費が高止まりし、運航効率の悪いジャンボ機を主力に据えるなど、採算意識の低い経営が常態化していた。そこへリーマンショックが襲いかかり、2009年夏以降、格付け機関が相次いでJALを格下げ。燃料を買うための保証金の積み増しも要求され、手元資金は急減する。

流動比率は破綻直前の2009年9月末には65・8%と、短期の安全性の目安となる100%を急速に割り込んでいった。この間、1年半前に3549億円あった現金および預金は975億円へ急減。つなぎ融資を受けても年末には手元資金がマイナスとなる一方、翌年1月には取引先への1000億円近い支払いが迫っていた。こうして資金繰りに窮し、ナショナルフラッグ・JALは、10年1月に会社更生法の適用申請に至る。

あれから10年、エアラインは今、まるでドラマのような危機を再び迎えている。20年6月、ある大手銀行の行員が、焦った様子で航空業界の有識者に聞き込みに回っていた。

「融資先のANAの経営がヤバいことになったとして、10年前のJAL破綻時のように政府支援は入るのか。その場合、銀行の債権も当時のように踏み倒されるのか」

トリガーを引いたのは、言うまでもなく新型コロナウイルスだ。

中国での感染拡大による需要急減に端を発し、20年1月下旬から全日本空輸(ANA)、JALは中国各都市、そして東アジアへの路線を次々と運休、減便する。3月には東南アジア、欧米と、国際線全体に波は広がり、同月の国際線旅客数はANAが前年の87万人から24万人へ72%減、JALも同73%の大幅減となった。

「政府保証要請」で緊迫

東京などで緊急事態宣言が出されたのは4月7日。その前日夜、航空業界に一気に緊張が走る。ANAが1兆3000億円の融資枠の一部に、政府保証を要請すると報じられたのだ。

「そんなに資金繰りが大変なら、政府が出資すればいい」

海外では、政府が出資してエアラインを救済する事例も相次ぐ。「航空業界に精通した与党大物議員の一言に、ＡＮＡは慌てて要請を取り下げた」（国交省関係者）という情報も駆け巡った。

「政府の出資を受ければ、経営の手足を縛られる。ＡＮＡは、陳情をやりすぎたようだ」（同）

そんなドタバタ劇の４カ月後に発表された２０年４〜６月期決算。ＡＮＡホールディングス（ＨＤ）では、売上高が１２１６億円、営業利益は０４年３月期以降で過去最大となる１５９０億円の赤字に転落した。「ＡＮＡの経営がヤバい」と聞き込みに回った銀行員の危機感は、極めて的を射たものだった。

一方、ＪＡＬの同決算も、売上高が７６３億円、ＥＢＩＴ（利払い前・税引き前損益）は１３１０億円の赤字に沈んだ。ＪＡＬは２０年度からＩＦＲＳ（国際会計基準）に移行しているため単純比較はできないが、１０年前の破綻直前の０９年４〜６月期の営業赤字が８６１億円だから、今の収支は破綻当時に匹敵する厳しい状況だ。

だが、決算より切実なのが資金繰りだ。前出の冨山代表は、「ＪＡＬ破綻を経験し、いちばん悲惨だった時期を知っている今のＪＡＬやＡＮＡの幹部は、まず資金繰り確保に走るはず」と話す。

今回のコロナショックで襲いかかる「キャッシュバーン」の恐怖は、幹部らの体にすり込まれているというわけだ。

エアラインビジネスは営業費用に占める固定費の割合が6割程度とされ、売り上げが急減すると、途端に手元資金が尽きていく。

ANAHDの20年3月期における月平均固定費は、グループ全体の営業費用の6割とすれば950億円程度。減価償却費を差し引くと、毎月約800億円の資金が固定費として流出していく計算だ。

これに対応すべく、ANAは20年6月末時点で5350億円を調達し、融資枠も5000億円まで拡大。現預金と有価証券、融資枠を合わせた資金総額は1兆円を超える。さらに直近の決算会見で福澤一郎常務は、「培ってきた財務体質が生きているため、（第三者からの）出資については慎重に見極めたい」としたうえで、「もし下期以降に（資本増強を）行うとすれば、劣後ローンなどになるかもしれない」と、新たな資金調達に含みを持たせた。

こうした潤沢な資金から1年以内に返済や償還が必要な有利子負債約2200億円を差し引き、仮に当面の間収入がゼロになったとしても、20年度いっぱいは固定費を賄えることになる。

一方のJALも2月以降、3000億円の資金を調達、融資枠も2000億円に拡大するなど、抜かりない。同社は経営破綻後、債務免除や路線拡大の抑制、調達コスト管理の強化などで財務の健全化が進んだ。6月末時点でANAの有利子負債は1兆3589億円、自己資本比率は33・9%であるのに対し、JALはそれぞれ5046億円、45・9%と、大きく差をつけている。とくに1年以内に返済や償還が必要な有利子負債が6月末時点で507億円と非常に小さい。JALの菊山英樹専務は、「自己資本比率は日本基準だとさらに8~9ポイント高い」と強調する。

不可避な大リストラ

コロナ危機に直面し、両社は財務体質の強化だけでなく、コストカットも一気に進めた。

まず、だぶついた便数の見直しを強化し、国際線の供給量をＡＮＡが８６％、ＪＡＬが９１％削減。同様に国内線もＡＮＡは７３％、ＪＡＬは６４％カットし、運航変動費を抑えた。さらに、ＡＮＡはグループ社員の大半に当たる４万３５００人を対象に一時帰休を実施し、夏季一時金を減額するなど人件費を圧縮。稼働率の低い羽田空港第２ターミナルの一部エリアも暫定的に閉鎖した。

ＪＡＬは一時帰休こそ実施していないものの、広告やＩＴ関連、委託費などを圧縮。２０年４〜６月期でＡＮＡが３２５億円、ＪＡＬが２９０億円の固定費を削減した。両社は翌２１年入社の新卒採用も中止し、可能な限り固定費を増やさない姿勢だ。設備投資も、航空機メーカーと機材の受領・支払時期の調整や、客室改装の先送りで抑制を図っている。

コストカットと資金調達に注力

ANAとJALの施策

	ANA	JAL
運航規模	国際線旅客便の供給を86%、国内線旅客便の供給を73%削減	国際線旅客便の供給を91%、国内線旅客便の供給を64%削減
コストカット	4万3500人が対象の一時帰休、ターミナルの部分閉鎖、夏季一時金の減額	広告・IT・委託費、人件費の削減
設備投資	機材受領の後ろ倒し、客室改装の先送り	航空機メーカーとの支払時期調整
資金調達	5350億円を調達、融資枠を5000億円へ拡大	3000億円を調達、融資枠を2000億円へ拡大

(出所)2社の直近の決算資料を基に東洋経済作成

それでもさらなる大リストラの足音は迫っている。

ＩＡＴＡ（国際航空運送協会）は、世界の航空需要がコロナ前の水準に戻るのは、２０２４年になるとの見通しを示している。ＪＡＬ、ＡＮＡ両社は２０年度中に抜本的な構造改革を発表する予定で、その中には国際線を中心とする路線縮小も含まれる見通しだ。それに伴う人的なリストラも不可避であろう。

両社は２０年３月の羽田空港発着枠拡大による国際線の成長を見越し、従業員の採用を増やしてきた。例えば、ＡＮＡにおける１５年３月期と２０年３月期を比べると、国際・国内線における輸送供給量（総座席数×輸送距離）は１６％増だったのに対し、グループの従業員数は３万４９１９人から４万５８４９人へ３１％も増やしている。

ＡＮＡの福澤常務も「早期退職は２０年に限らず行っており、事業構造改革の中でそういったものが求められるのであれば、必要に応じてやっていく」と、一定規模の希望退職の実施に含みを残した。「リストラをしないという選択肢はない」（業界幹部）という考えは、もはや業界のコンセンサスだ。

ドラマ「半沢直樹」では、帝国航空の余剰人員を「スカイホープ航空」に引き取ってもらうため、半沢たちが奔走する姿が描かれた。コロナ危機で「第2の帝国航空」を相手に奔走する「令和の半沢」が生まれるのか。リアルな危機は、これからが本番だ。

（森田宗一郎、森　創一郎）

JAL・ANA統合説の真贋

「JANA誕生?」――。エアライン業界が危機に陥ってから、「JAL・ANA統合説」に関する記事やSNSでの投稿が散見されるようになった。2社の株主にとっても関心の高いテーマのようで、直近の株主総会ではともに統合説について質問が出た。しかし、ANAホールディングスの片野坂真哉社長は「再編に関する記事も出ているが、こういった事実はまったくない」とし、JALの赤坂祐二社長も「日本の航空会社を一本化することはまったく考えていない」とする。

「住金と新日鉄だって合併した。経営環境に合わせて企業が再編されるのは世の理だ」。ある金融機関のOBが言う。9・11テロ事件(2001年)をはじめ、航空会社はイベントリスクを経験するたびに再編を繰り返してきた。世界を見渡せば、欧州主要国など日本より航空需要が大きい国でも、メガキャリアは1社だけのところが多い。

日本は閉鎖的市場に大手が2社

各国の旅客定期輸送実績とエアライン実績（国内・国際合計、億人キロ）

国名	旅客定期輸送実績	主なエアラインの輸送規模	
米国	16,278	アメリカン	3,882
		デルタ	3,825
		ユナイテッド	3,852
		サウスウェスト	2,113
中国	10,703	中国南方航空	2,849
		中国国際航空	2,331
		中国東方航空	2,217
アラブ首長国連邦（UAE）	4,093	エミレーツ	2,881
英国	3,564	インターナショナル	2,857
ドイツ	2,420	ルフトハンザ	2,965
フランス	2,019	エールフランス-KLM	2,634
日本	1,978	ANA	897
		JAL	673

（注）エアラインの輸送規模は各社最新
（出所）旅客定期輸送実績はICAO資料（2018年）

実は10年前、当時の民主党政権で統合論が浮上したことがある。

2009年12月末。当時の峰崎直樹財務副大臣が、民間のシンクタンクのペーパーを基に、JALの国際線をANAに集約する案を菅直人副総理や前原誠司国土交通相、辻元清美国交副大臣らに示した。

「世界では人口1億につき、国際線は1社がメド。JALの立て直しに向け、国際線を2社で争っていていいのか、という話をした。そもそもJALは借金を帳消しにし、公的資金を入れて再スタートするのに、ANAは泥沼の競争をやっている。あまりに不平等なので、競争は国内だけにして、国際線はANA1社にしたほうがいいというロジックだった」（峰崎氏）

この案を示された前原国交相は、「あなたはANAの回し者か」と激高した。同席した辻元氏によれば、国交省は当初から2社体制の維持という方針を決めていて、峰崎氏の提案が省内で議論されることはなかったという。

「JALは明日潰れるかもしれない状況で、1社化を議論している場合ではなかった。ただ、ANAに配慮してLCC（格安航空）はやらせたし、沖縄空港の貨物ハブ構想にもANAを入れた」（辻元氏）

今の2社は
旧JALほどの構造問題を
抱えてはいない
(元JAL幹部)

破綻してからの10年間で
ANAへの恐怖心が増した
(JALOB)

統合の議論以前に
政府支援で立ち直れるだろう
(中堅航空幹部)

国が航空業界を
舵取りしてやろうという
意識が薄れた
(国交省関係者)

日本の航空業界では
2社体制維持がコンセンサス

(出所)取材を基に東洋経済作成

JAL立て直し中に再燃

それでも統合論はくすぶり続ける。手元に、ある銀行で9年前に作成された内部文書がある。「航空業界に対する今後の取り組み」と題された文書は、「我が国の航空業界は、数年で完全自由化市場に近づいていく」と分析し、「世界の業界再編の動きは続く。日本の航空会社もアライアンスの盟主となるためには統合が必要となる可能性が高い」としている。JAL再建中にもかかわらず、すでに次の再編を予見しているのだ。そして、国際線は「JAL・外資の資本提携」「ANA・外資の資本提携」「JAL・ANAの経営統合」と、3つのシナリオを挙げ、「再編を我が行が主導」とも記している。

新型コロナウイルス感染拡大の影響で再びエアライン経営に危機が訪れた今、国際線だけでも2社が統合する可能性はあるのか。

ある元JAL幹部は、「10年前の議論では、前提としてJALの放漫経営が問題視されていた。近年は2社の経営に取り立てて大きな問題点はなかったため、大胆な再編に国交省や政府が乗り出す場面にはなりえない」とみる。

もちろん、行政に「世界的メガキャリア誕生へ、航空業界を舵取りする」という強い意志があれば、これを好機と捉えてもおかしくはない。ただ、国交省や業界幹部など複数の関係者は、「国交省が航空業界を舵取りしてやろう、という意識は薄れている」という。

ある国交省関係者はJAL・ANA統合論を否定したうえで、「長期的に見れば航空市場はまだ広がっていく。その中で役所が民間経営に介入するべきではない。役人が全知全能の存在で、すべてを見通したうえで『くっつきたまえ』と言うなら別だが、役所の人間にそんな能力はない」と話す。

11年前、朝日新聞のインタビューで「オールアジアの中で、日本に巨大航空会社が2つ存在することは考えられない」としていた経営共創基盤の冨山和彦代表だが、JAL再生タスクフォースの立場を経て、「国は公共政策としてどこまで民間の経営に介入するべきなのか。結論を政府の側が決めるのは多くの場合、変な煩悩が働くし、規模を追えば問題が解決するほど単純ではない」と話す。

慶応義塾大学の中条潮名誉教授も、「（統合論は）まったくナンセンス。政策的に国際競争力を上げたいなら、アライアンス間の協業を深化できるよう規制を緩和したほうがいい。ＪＡＬ・ＪＡＳ（日本エアシステム）統合ですら、社内文化のひずみの解消にかなりの時間を要した」と指摘する。

また、ＪＡＬのあるＯＢからは、こんな本音も漏れる。

「この１０年、ＡＮＡのＪＡＬへの敵対視は露骨すぎた。ＪＡＬが親方日の丸だった時代にやられたことをやり返したい気持ちはわかるが、これでは仮に統合するにしても、規模で劣るＪＡＬ側が冷遇される姿しか目に浮かばない」

ＪＡＬ・ＡＮＡ統合論は、雨夜の月ということか。

（森　創一郎、森田宗一郎）

王道を歩んだANAの大誤算

コロナ危機の到来前、大手2社の経営は順風満帆だった。ＡＮＡホールディングスは売上高で2兆０５８３億円、営業利益で１６５０億円を記録した２０１９年3月期まで、4期連続で過去最高益を更新。日本航空（ＪＡＬ）も経営破綻後のリストラや不採算路線からの撤退、調達管理の強化などが奏功し、営業利益ではＡＮＡに対し優勢を保ってきた。

その営業利益、１４年3月期にはＪＡＬが約１０００億円の差をつけたが、近年はＡＮＡが猛追し約１００億円差で拮抗する。それが新型コロナの直撃した２０年3月期はＪＡＬが１００６億円、ＡＮＡが６０８億円と、再び約４００億円の差が開く。明暗を分けたのは、2社が取ってきた戦略だ。

経営破綻の際にJALが受けた3500億円の公的資金注入などにより、競争環境が歪められたとして、2012年に国土交通省からJALの新規路線開設を制限する通称「8・10ペーパー」が発行された。その間にANAは羽田空港発着枠の傾斜配分を受けるなど、国際線を一気に拡大していくことになる。

■「コロナ減益」で明暗分かれる
—ANAとJALの売上高と営業利益—

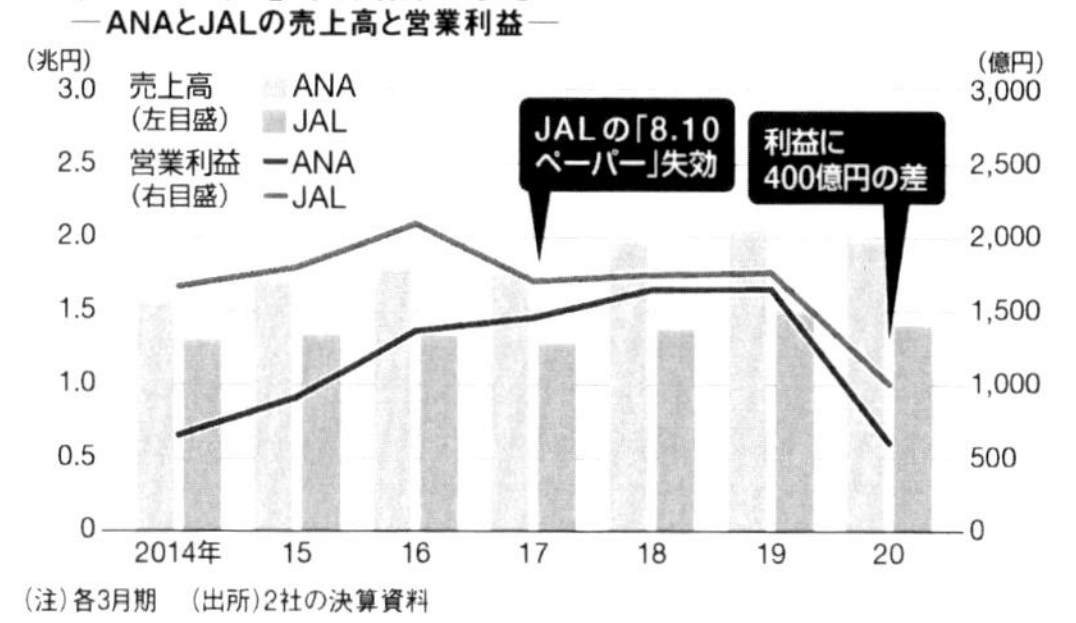

(注)各3月期　(出所)2社の決算資料

ＡＮＡの成長戦略のカギを握ったのは、路線の緻密な需要分析だ。明海大学ホスピタリティ・ツーリズム学部の水野徹教授は、「近年、ＡＮＡは欧州便を積極的に増やしてきたが、欧州内の中規模都市への乗り継ぎ需要を踏まえ、（座席が埋まるよう）うまく路線を敷いた」と分析する。

また、出張需要が大きく単価が高い路線を探し当て、機内スペースの多くをビジネスクラスに割くなどして収益を拡大。「この数年間、新規開設も含め多くの路線が黒字」（ＡＮＡ）という。

一方のＪＡＬは８・１０ペーパーが２０１７年３月で失効。そこから急速にＡＮＡを追い上げると思いきや、エアラインの供給量を示す国際線の「座席キロ」（総座席数×輸送距離）は１７年３月期から２年間で８・５％増と、同９・６％増のＡＮＡよりむしろ慎重だった。

ＪＡＬの戦略を象徴するのが、コードシェアの急拡大だ。コードシェアとは、提携相手の運航便を自社便として扱い、座席を販売し合う仕組み。例えば、ある海外エアラインが羽田に就航する際、ＪＡＬとコードシェアすればその販売網を活用し、より多くの日本人に座席を販売できる。逆にＪＡＬ側は、自前で就航するのに必要な機材投資や固定費を抑えつつ、事実上の新規就航や増便ができる。

直近2年間だけでＪＡＬが海外エアライン12社とコードシェアを始めたのに対し、ＡＮＡは2社止まり。一方、同期間の両社の機材など固定資産の増加額を見ると、ＪＡＬが年間２０００億円台前半で推移しているのに対し、ＡＮＡは同３５００億円超と、自前での規模拡大にギアを上げていたことがわかる。その結果、２０年3月からの国際線時刻表で見ると、自社便数ではＡＮＡが勝る一方、コードシェア便数ではＪＡＬがやや上回ることになる。

一般的なコードシェアでは、提携先から座席の販売手数料を得るだけのため、自社の販売網だけで満席にできる都市を探し出し、自社便を飛ばして収益の丸取りを図るのが王道だ。ただ、自社便戦略は市場が拡大している間は有効な一方で、固定費もそれだけ重くなる。

コロナ禍で差がついた営業利益約４００億円のうち、３００億円は「事業規模の差」（ＡＮＡ）によるものだ。水野教授はＡＮＡの劣勢について、「やみくもに事業を拡大してきたわけではないが、市場に大きな成長があると判断し、求めたリターンと同等のリスクを取ってきた結果だ」と分析する。

　一方、ＪＡＬの菊山英樹専務は「いたずらにシェアを拡大する経営は行わず、リスク耐性を保てる健全な範囲での成長を意識してきた」と語った。

JALは怒濤の勢いでコードシェアを強化

―ANAとJALが過去2年間に結んだ海外エアラインとの提携―

開始年月	コードシェア相手の社名
2018 10	ガルーダ・インドネシア航空
2018 10	ベトジェットエア
2019 2	アエロメヒコ航空
2019 2	フィジーエアウェイズ
2019 2	ビスタラ
2019 5	キャセイドラゴン航空
2019 6	廈門航空
2019 12	エアカラン
2020 1	上海航空
2020 2	ロイヤルブルネイ航空
2020 3	MIATモンゴル航空
2020 3	アエロフロート・ロシア航空

（出所）2社のリリースや年表

ANA

開始年月	コードシェア相手の社名
2018 10	アリタリア航空
2020 1	ヴァージン・オーストラリア

ANAは自社便を充実させた

―ANAとJALの週間国際線便数の内訳―

自社便数 ANA
JAL
提携先便数 ANA
JAL
0 400 800 1,200
（便）

（注）実際には新型コロナウイルスの影響で大半が運休・減便　（出所）2社の2020年3月29日以降の時刻表

カギ握るリース機の稼働

目下、四半期で1000億円規模の最終赤字が見込まれるエアライン経営の最重要事項は資金繰りだ。そこで注目されるのが機材のリース比率。短期的な資金繰りにおいては、毎月一定のリース料が流出する機材は少ないほうがよい。

2社のリース機材比率を比較すると、ANAの31%に対し、JALは9%と極端に低い。JALは経営破綻後にリース機材を継続的に買い取ることで、長期的に投資額を抑制し、有事の資金流出が伴わない自社保有に転換してきた。コロナ危機が発生する以前から「ぜひ競合（ANA）と当社のリース比率を比べてほしい」と、機材戦略の短期的な健全性を喧伝するJAL幹部もいた。

■ ANAはLCC強化でリース機材が増加
―ANAとJALのリース機材比率とANAのLCC機材数―

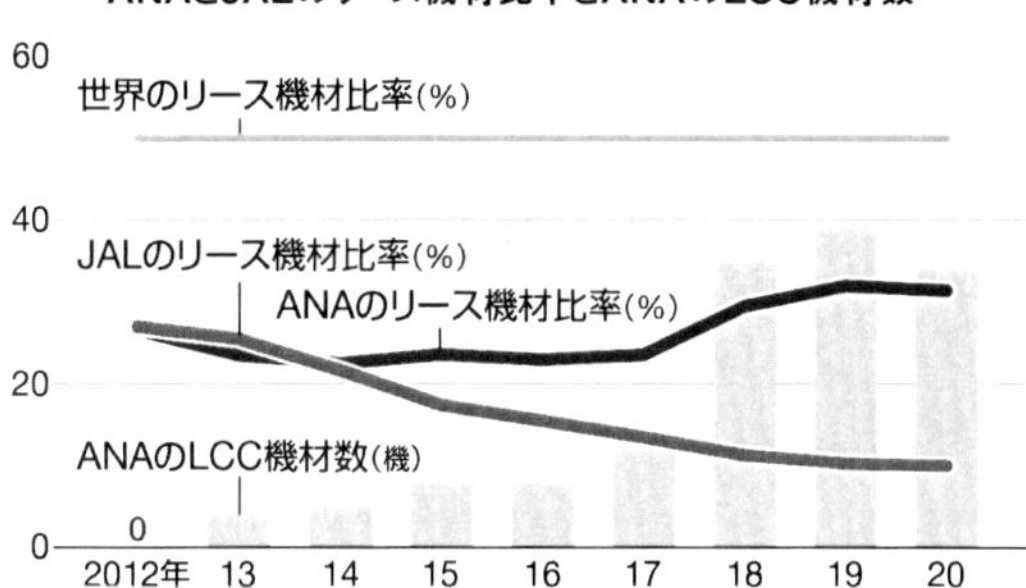

(注)各3月期末　(出所)2社の決算資料、CAPAのリリースを基に本誌作成

ただ、2018年3月期からANAのリース比率が上昇したのは、リースが機材戦略の定石であるLCC（格安航空）のピーチ・アビエーションを子会社化したためで、本格的なLCC事業を持たないJALと一概に比較はできない。むしろあるLCC幹部が、「ANAやJALの主要顧客である出張客に比べて、LCCが多く運ぶ帰省・観光客の回復が早い」と語るように、LCCの存在は、ANAがコロナ危機を脱するカギともなる。

LCC強化でリース料の流出が激しいANAには、これまでサブブランド扱いだったピーチに一定規模の主要路線を任せ、収益を回収する道もある。大胆に戦略を転換できるか、経営陣の決断力が試されている。

（森田宗一郎）

焦点はＡＮＡに依存してきた３社

中堅航空たちのサバイバル

厳しい経営状況はＡＮＡ・ＪＡＬの大手２社だけでなく、中堅航空も同じだ。ソラシドエアは新型コロナウイルスの影響で、お盆期間（８月７〜１６日）の搭乗者数が前年同期比７５・２％減の１万５１６５人と大幅に後退。スターフライヤー、ＡＩＲＤＯ、スカイマークなど各社も例外なくダメージを受けている。

このうちスカイマーク以外の３社は有価証券報告書を提出しており、いずれも「継続企業の前提に重要な疑義を生じさせるような状況」の存在を認めている。スカイマークも２０１９年１０月に申請していた上場の取りやめに追い込まれた。

中堅エアライン各社は遠くない過去、相次ぎ経営難に陥った苦い記憶がある。１９９７年に新規参入規制が完全撤廃されると、翌９８年にスカイマークエアラインズ（現スカイマーク）、北海道国際航空（現ＡＩＲＤＯ）が就航した。

２００２年にはスカイネットアジア航空（現ソラシドエア）が参入する。しかし、早くも同年3月期に北海道国際航空が大手の値下げの影響などで７５億円の累積損失を計上、3億円の債務超過に陥り、民事再生法適用を申請する。０４年にはコスト管理体制や市場戦略の不足からスカイネットアジア航空も産業再生機構による経営支援を受けるに至った。０６年にはスターフライヤーも就航するが、やはり経営は軌道に乗らなかった。

ＡＮＡの販売網に依存

これら3社すべての経営再建に関わったのがＡＮＡだ。整備などの業務提携や資本参加など、多角的に支援がなされたが、中でも各社にとって大きかった提携が、各社の便をＡＮＡ便として販売する「コードシェア」である。

3社からすれば、自社では埋めきれない座席をＡＮＡの販売網で売りさばいてもらうことができる。また、ＡＮＡにとっても「ドル箱」とされ、数に限りがある羽田便の収益を少しでも多く享受できるメリットがあり、各社は2000年代からANAとコードシェアを続けてきた。その結果、20年3月期時点で、各社の売上高におけるANAへの販売比率は30%を上回る。

ウィンウィンの関係だったはずのANAとコードシェア3社。だが、アフターコロナにおいては、その関係の持続性に疑問符がつく。

3社は座席をフルサービスキャリア（FSC）のANA便として販売できるように、ANAと同等のサービス・単価水準で運航してきた。しかし、前桜美林大学ビジネスマネジメント学群教授の丹治隆氏は「コロナ後はテレワークやWeb会議の普及で、ANAが主要ターゲットとしたビジネス客が長期的に減少する見込みだ」と語る。

仮にANAが自社便の座席すら売り切れない市況が続いた場合、これまでと同規模のコードシェア席数を販売する余裕はないだろう。

コードシェア3社はどう生き残るのか。1つの指標がスカイマークだ。同社も15年に民事再生法適用を申請し、ANAが出資もしたが、3社と異なりANAとのコードシェアに頼らなかった。

スカイマークは座席ピッチなどサービス面でＦＳＣ並みを目指しつつ、出張客の利用促進へ定時運航率トップにこだわる独特な戦術を打ち出した。そのうえ、単価はＬＣＣ（格安航空）より高く大手やコードシェア３社より安いという戦略で、独自の顧客層を開拓した。

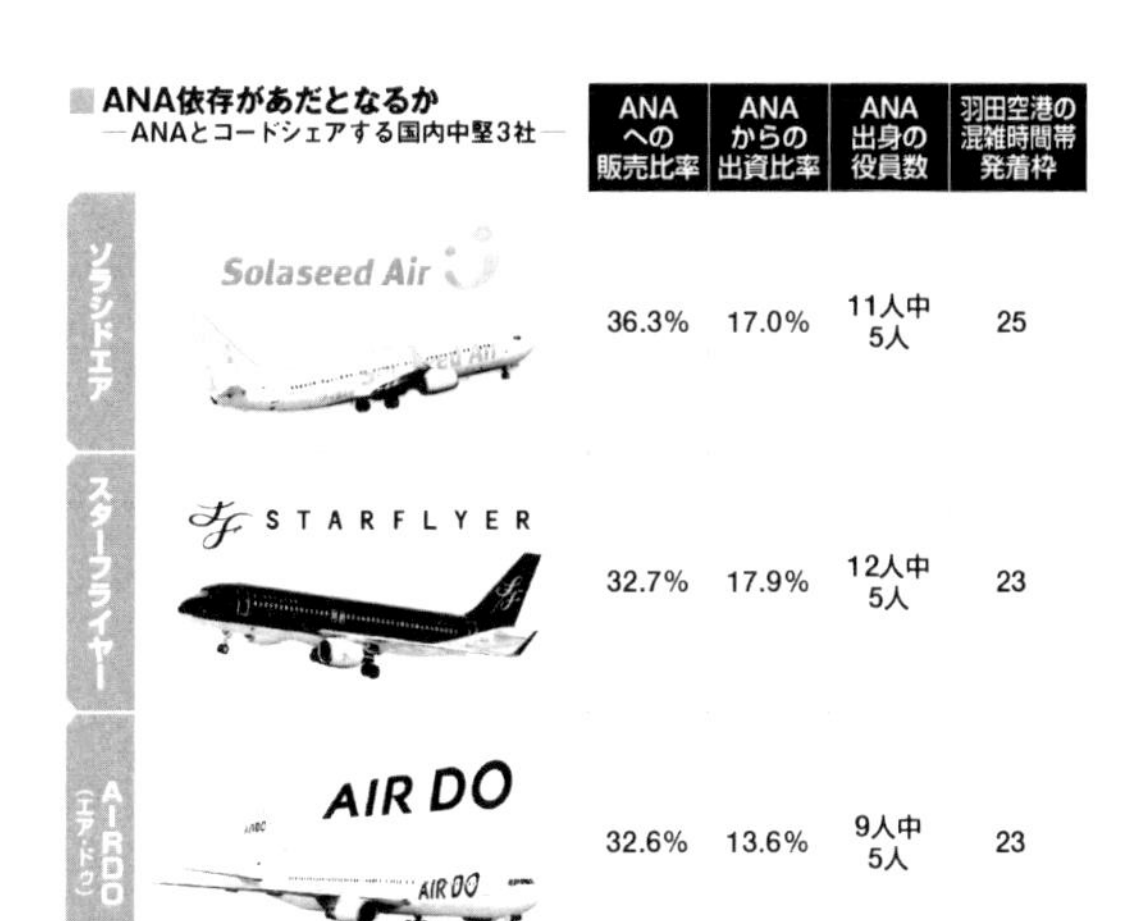

■ANA依存があだとなるか
—ANAとコードシェアする国内中堅3社—

	ANAへの販売比率	ANAからの出資比率	ANA出身の役員数	羽田空港の混雑時間帯発着枠
ソラシドエア Solaseed Air	36.3%	17.0%	11人中5人	25
スターフライヤー STARFLYER	32.7%	17.9%	12人中5人	23
AIRDO（エア・ドゥ） AIR DO	32.6%	13.6%	9人中5人	23

（注）ANA出身の役員数は出向者と退職者の合計
（出所）3社の有価証券報告書と国土交通省「羽田空港国内線発着枠の配分の見直し結果について」

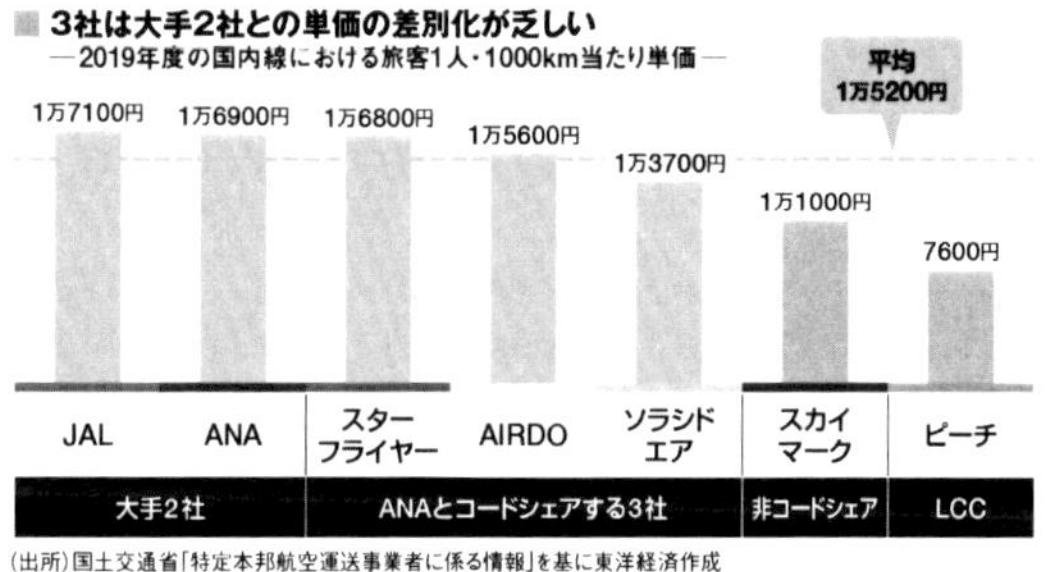

（出所）国土交通省「特定本邦航空運送事業者に係る情報」を基に東洋経済作成

ＬＣＣは絶好のチャンス

一方、相対的に元気なのがＬＣＣのピーチ・アビエーションだ。同社もＡＮＡの子会社ながら、ＡＮＡとコードシェアせずに生き残ってきた。業界内では国内線と短距離国際線の観光需要が早期に回復すると見込まれており、この市場を得意とするＬＣＣはコロナ危機から最初に抜け出すとみられているためだ。

ピーチは需要の回復を待つだけでなく、コロナ禍で普及が期待される、働きながら休暇を過ごす「ワーケーション」に航空券を組み込んだ旅行商品を立案した。

同企画を担当するピーチの小笹俊太郎マネジャーは「バイタルデータの計測サービスを展開する企業と、働きながらストレスを軽減させるＢｔｏＢ旅行商品の開発を目指している」と語る。

さらに、就航先である釧路の自治体から、全国で物産展が中止になっているとの相談を受け、ピーチのＥＣサイトで「オンライン物産展」を開設した。移動需要が低迷する中、「釧路に足を運ぶきっかけをつくりたい」（小笹マネジャー）と、アフターコロナの需要喚起へ動き出している。

近年の国内旅客数におけるLCCシェアは頭打ちが続く。ピーチの轟木一博事業戦略室長は「(新型コロナで)出張・旅行客ともコスト意識が厳しくなっている。これを機にLCCを初めて利用し、この値段ならFSCでなくても満足だと気づく人が増える可能性がある」と期待する。

問われるのは変化する力

ただ、ピーチですら「19年までの常識が通じない状況に対応し、変わる力が会社に問われている。必死だ」(轟木室長)という。コードシェア3社は、それ以上に戦略の見直しが急務となる。

3社はANAの出資を受け、役員の多くをANA出身者が占め、販売網までも依存しているにもかかわらず、幸いなことにルール上は「独立性」を認められ、ドル箱の羽田空港発着枠を配分されている。これを生かし、コードシェアを要さずとも座席を埋められる独自のモデルを打ち出すことが課題となる。

(森田宗一郎)

「乗り切る力はある　独立性維持にこだわりたい」

スカイマーク　会長・佐山展生

夏場に搭乗率がじわじわと戻るのではないかと思っていたが、再び感染者が増え出した。都道府県によっては不要な往来を避けるよう要請が出て、基本的に都道府県をまたぐことになる羽田発着便には、想定以上に人が乗らない状況が続いた。

スカイマークは民事再生を経たこともあり、幸いにも3月末時点で130億円の現預金がある一方、借入金はなかった。そのうえ、300億円の借入枠もあり、資金繰りでは同業他社と比べて相対的に余裕があった。

ただ、（損益分岐点を超えられず）現金が毎月流れ出ていく。11月までは当初の調達額でしのげるが、第2波、第3波に備えて、さらに200億円分の借入枠を設定した。（当面の）資金繰りはまったく問題ない。仮にスカイマークに増資が必要になったときは（自らが代表を務める投資ファンド）インテグラルで受けることは確認している。

スカイマークの国内線はコロナ前から、ほとんどの乗客が日本人だった。民事再生前の2014年度は全路線の平均搭乗率が66％台だったが、努力してコロナ前には83～84％まで上がった。大手2社の約70％より10ポイント以上高い。訪日外国人に手を広げずとも満席の便が出る市場戦略からも、相対的にコロナ禍を乗り切る力はある。

実質的に唯一の独立系

ANAとのコードシェアはガラガラの便を買ってもらうイメージだが、コロナ直前のスカイマーク便はどこよりも混んでいた。逆に席が空いている便があれば買う側の立場になっている。

私はＡＮＡとのコードシェアに反対しているわけではない。コードシェアと同時に求められる、ＡＮＡの予約システム「エイブル」の導入に反対なのだ。先行したスターフライヤーやソラシドエア、ＡＩＲＤＯのように収入が一度ＡＮＡに入り、数カ月後に支払われる形では、完全な独立性を維持できない。

２０１５年にインテグラルとして投資を決めた際、儲かるかどうかは全然わからなかった。それでも、われわれが手を挙げなければ、実質的に唯一の独立系航空会社が日本から消えてしまう。スカイマークは存在するだけでも意義がある航空会社だ。

（構成・森田宗一郎）

佐山展生（さやま・のぶお）

１９５３年生まれ。７６年京都大学工学部卒業後に帝人入社。８７年に三井銀行（現三井住友銀行）に入行し、その後インテグラルを共同創設。２０１９年から現職。

欧州では手を結んだ航空と鉄道も

在英ジャーナリスト・さかいもとみ

新型コロナウイルス感染症の世界的流行により、あらゆる交通機関の需要が一気に蒸発してしまった。各国政府はあの手この手で救済を図ろうとしているが、コロナ禍の終わりは見えず、財源には限界がある。

そうした中、海外では鉄道業界と航空業界の両方を一体的に考える再建案が生まれつつある。折しも世界的に地球温暖化をはじめとする環境問題への懸念が高まる中、コロナ禍を機に「過去のしがらみ」や「既存資源の温存」ではない形でドラスティックな変革を目指そうという動きが出てきている。

国際航空運送協会（ＩＡＴＡ）が7月末に発表した「世界の乗客予測」によると、

航空旅客需要がコロナ禍以前、つまり2019年の水準に戻るのは2024年になるという。短距離路線は中・長距離路線より回復が早いものの、それでもコロナ禍前のレベルに戻るには23年までかかると予測している。

こうした予想を受け、欧州主要国の代表的航空会社（いわゆるフラッグキャリア）は自国政府に救済を求めると同時に、需要回復に時間を要する長距離路線関連の経営資源を一気に縮小する動きに出た。これまでに仏エールフランスは70億ユーロ（約8200億円）、独ルフトハンザが90億ユーロ（約1兆0800億円）相当の支援を確保している。

一方、「損切り策」としては、英ブリティッシュ・エアウェイズ（BA）、エールフランス、ルフトハンザの3社が軒並み大型長距離機材の退役を決めたことが挙げられる。BAは保有するボーイング747－400型（ジャンボ）全31機の廃棄を進めているほか、エールフランスは2階建てエアバスA380全10機、ルフトハンザも同型機を退役とした。さらに、数万人削減という大規模な従業員のリストラも進めている。

各国政府は、航空会社救済に当たってさまざまな条件を出している。独政府はルフトハンザに対し、同社のハブ（運航拠点）であるフランクフルト、ミュンヘン両国際空港の離着陸枠（スロット）について最大で24枠の放棄を求め、それを欧州域内他国の補助金を受けていない航空会社に優先的に振り分けるとの条件をつけた。

仏政府がエールフランスに行った提案はさらにユニークだ。高速鉄道で所要時間2時間半以内の区間は、「もはや航空機利用を正当化できない」とし、これらの短距離路線の再開断念を支援の条件とした。国際線が多数発着するパリの主要空港であるシャルル・ド・ゴール空港経由の乗り継ぎ客向けに一定数の短距離国内便を残すことは認められるものの、パリ市内から高速列車TGVで行ける都市へのフライトは削減せざるをえなくなった。

対象となった路線は、TGVで所要時間2時間半程度のパリ－ボルドー間、パリ－リヨン間などだ。飛行機では60~75分ほどだが、パリの主要2空港が市内中心部から公共交通で45~60分かかることや、搭乗手続きに要する時間などを考えると互角といえる。

欧州では競争上の観点から、政府による民間救済には欧州連合（ＥＵ）の執行機関である欧州委員会の承認が必要だ。コロナ禍における航空会社救済策についても同様だが、例えばエールフランスの救済策は短距離路線からの撤退が条件となっており、二酸化炭素（ＣＯ２）削減目標の達成に寄与するとあって、承認取得が容易だったという背景もある。

環境問題が鉄道に追い風

ＣＯ２削減目標の達成は、各国にとって「面倒な課題」となっている。欧州各国は経済の落ち込みが激しく、ユーロ圏の２０年４～6月の域内総生産（ＧＤＰ）は前年同期比でマイナス１５％と過去最大の落ち込みとなった。失業対策を筆頭とする「経済を回す」アイデアが求められる一方、温暖化対策においては「ＣＯ２発生源」を潰す対策も要求される。そこでスポットライトを浴びているのが、ＣＯ２排出量の少ない交通機関である鉄道だ。

近年は国営的な色合いの強い鉄道の運賃が高止まりしていたことから、国内長距離移動のシェアが格安航空会社（ＬＣＣ）や長距離バスに食い荒らされる事態が続いていた。だが、コロナ禍を受けてこれらの交通機関が運行を取りやめる例が相次ぎ、その結果として旅客需要が各国の国鉄（または民営化された元国鉄）に回帰する格好となっている。

欧州で顕著なのは夜行列車復権の傾向だ。環境意識の高まりに加え、コロナ感染へのおそれから、密室のイメージが強い飛行機での移動を避けたい人々の間で列車利用が広がりつつあるためだ。

スイス連邦鉄道（ＳＢＢ）は9月15日、20年のスイス発夜行列車の利用者数について「前年より25％以上増えた」と予想外の数字を発表した。同国は15年ほど前から夜行列車の削減を進め、ＳＢＢが自前で運行する夜行便は2009年に廃止していた。今後は23年にかけて、夜行ネットワークの拡大を進めるとしている。

ＬＣＣの成長に押されて消滅の危機にさらされてきた夜行列車だが、欧州の中心に位置するオーストリア国鉄（ＯＢＢ）は16年、それまでドイツ鉄道グループが展開していた国際夜行列車サービス「シティナイトライン」を引き継ぐ形で「ナイトジェット」の運行を開始。旅行者の支持を得て、夜行列車復権の先駆けとなった。スウェーデン出身の10代の環境活動家、グレタ・トゥーンベリさんによる「飛び恥」運動が広がるタイミングも重なったとみるべきかもしれない。

夜行列車で北欧と欧州中部の接続を図る計画も生まれている。北欧は欧州の主要地域から離れており、これまでは圧倒的に航空機が有利との発想から、夜行列車運行は見送られてきた。

21年にもスウェーデン－デンマーク－ドイツ間の列車を設定し、欧州大陸各地、さらには英仏海峡トンネルを通る高速列車ユーロスターでロンドンへの接続も図るとしている。

欧州では以前から、航空と鉄道の連携が行われている。1980年代にはルフトハンザとドイツ鉄道が提携して航空便扱いの列車運行が始まり、現在はTGVやICEと航空便のコードシェア運航が行われている。実現しなかったが、経営危機に陥ったアリタリア航空の再建にイタリア国鉄（FS）が乗り出そうとした例もある。

新型コロナウイルス感染拡大により、交通事業者は国を問わず大きな痛手を受けた。その一方で、欧州のように航空との役割分担による鉄道復権の動きも広がっている。異なる交通機関同士のシェア争いではなく、市民生活を維持するインフラとしての交通機関をどのように存続させるか。大局的な政策が望まれる時期に来ている。

さかいもとみ
旅行会社勤務の後、15年間の香港在住中にライター兼編集者に転向。2008年から英ロンドン在住。ニュース配信会社編集者を経て、フリージャーナリストに。

変動運賃で「満員ゼロ」へ

アフターコロナの時代、「3密」を防ぐためには通勤電車の混雑緩和が必要だ。「満員電車ゼロ」を選挙公約に掲げて当選した小池百合子・東京都知事は、都内の企業にオフピーク通勤を促す「時差Ｂｉｚ」キャンペーンを開始したが、効果は上がらなかった。

そこで、鉄道会社側の混雑緩和策として新たに浮上したのが「変動運賃」案だ。ピークを避けて乗車すると運賃が割安になるという仕組みで、諸外国では導入済み。その代表例は英ロンドン地下鉄だ。平日6時半～9時半、16～19時をピーク時間帯、それ以外をオフピーク時間帯として、運賃に差をつけている。ＩＣ乗車カード使用時におけるピークとオフピークの運賃の差は距離によって異なり、割引率は17％、

41%などと変動する。

日本における変動運賃導入について口火を切ったのはJR東日本だ。「通勤電車の利用のピークは朝の出勤時と夜の帰宅時にあったが、現在は朝のピークの山が従来の半分くらいになり、その分だけピークの前後の時間帯が増えて台形のような形になっている。夜も終電ぎりぎりまで多くの人が乗っていたが、より早い時間帯に利用がシフトしている。こうした生活スタイルの変化に合わせて運賃制度を変えていきたい」と、深澤祐二社長は7月14日に行われた本誌の取材で明かした。

ロンドン地下鉄は定期券にピーク、オフピークの区別を設けていないが、深澤社長は、「今のピーク時間帯は定期の利用者が多いのでまず定期でと考えている」という。日本では通勤定期代を会社が支給するケースが多いので、企業が経費削減手段としてオフピーク利用に飛びつく可能性は高い。

とはいえ、オフピーク運賃だけでは実質的な値下げであり、鉄道会社にとっては収入減となる。そこで、「通常の定期を現状よりも値上げすることで、プラスマイナスのバランスを取りたい」という。

9月3日の社長会見で深澤社長は、21年春までにオフピーク時間帯を設定し、Suica（スイカ）定期券をオフピーク時間帯に利用した人に対してJREポイントを付与する意向を示した。この取り組みを通じ、オフピークの認知度を高めて将来の本格導入につなげたい考えだ。

JR西日本の長谷川一明社長は、7月15日に行われた本誌の取材では時間帯別運賃の導入について、「当社が勝手に運賃を設定するわけにはいかない」と、消極的だった。鉄道の運賃は「上限運賃」として国の認可を得たものであり、ピーク時の運賃を値上げする場合は、国の認可を得る必要がある。オフピークの値下げについても国への届け出が必要だ。しかし、8月31日の記者会見で、長谷川社長は「国にこの問題を提起した。国とは問題意識を共有したと認識している」と述べ、導入に意欲を見せた。

時間帯別運賃と同様にJR西日本が期待しているのが、季節別運賃の導入だ。長谷川社長は「繁忙期の運賃・料金をもっと上げて、閑散期の運賃・料金をもっと下げれば、鉄道利用が平準化されて、ずっと動きやすくなるのではないか」と話す。現状でも鉄道料金には季節による違いがある。例えば指定席特急料金は、ゴールデンウィーク、夏休み、年末年始といった繁忙期が通常期より200円高く、2月、9月といった閑散期は通常期より200円安い。しかし、繁忙期と閑散期の差が400円では、大きな分散は起きにくい。そこで、特急料金だけでなく運賃体系にもメスを入れ、繁忙期と閑散期の金額の差を大きく変えることで、利用の平準化を促す。

時間帯と季節以外にも変動運賃が採用される可能性がある。深澤社長は、「長距離通勤者向けに週何日かだけ使えるような商品を検討していく」と話す。軽井沢や那須塩原など遠方から都内に通勤している人は、月曜日から金曜日まで自宅と勤務先の間を新幹線で往復し、週末に自宅でゆっくりと過ごしてきた。しかし、在宅勤務が当たり前になってくると、週のうち何日かだけ都内の勤務先に出社すればよいという時代になる。そうした需要に応えるための商品も開発していきたいというわけだ。

実質値上げの心配も

変動運賃の導入には別のメリットもある。多くの鉄道会社が、ピーク時間帯に合わせて車両や要員をそろえてきた。つまり、ピーク時の利用者が減ると車両や要員の削減につながるのだ。ＪＲ東海の金子慎社長も９月９日の記者会見で変動運賃について「勉強していきたい」と話した。変動運賃の導入は、ＪＲ全体に広がりつつある。

だが、ピーク時の運賃を高くすると、ピーク時間帯にしか通勤できない人にとっては値上げになる。今後、変動運賃の導入に関するさまざまな議論が始まるはずだ。変動運賃が鉄道会社の収入減少の単なる穴埋めとならないよう、しっかり見張る必要がある。

（大坂直樹）

暗礁に乗り上げたリニア問題　決着への道

山梨県内にあるリニア中央新幹線の実験線では、2020年3月に完成したJR東海のリニア車両「L0（エルゼロ）系」改良型試験車の走行試験が繰り返し行われている。8月19日には営業最高速度を上回る時速550キロメートルでの走行試験も無事終えた。

これまでの車両との違いは外観からも一目瞭然。リニアは無人運転なので運転席はないが、今回の車両は前方確認用カメラや前照灯の位置を上部に移し、運転席があるように見える。先頭形状は緩やかなカーブを描き、空気抵抗が減少した。車内では、従来車両で指摘されていた「耳ツン」問題への対策など、乗り心地の改善に向けてチューニングを行っているという。

遅れは静岡のせい？

リニアは2027年に品川－名古屋間が先行開業し、37年に品川－新大阪間を全線開業させる計画。全線の大半でトンネル内を走る。開業に向け走行試験は順調に続いているが、肝心なトンネル工事が暗礁に乗り上げたままだ。14年に国が認可してから6年経ち、東京、神奈川、山梨、長野、岐阜、愛知の各工区では工事のつち音が響くというのに、県の北端を11キロメートル通過するだけの静岡工区のみが本格着工できていない。リニアは国の認可事業だが、大井川の真下を通るトンネルの工事は、大井川上流部を管理する県の許可が必要だ。JR東海の金子慎社長は、「工程はたいへん切迫しており、準備工事だけでも6月中に先に始めたい」と川勝平太静岡県知事を訪ねて懇願したが、徒労に終わった。金子社長は「27年に開業できないと決めたわけではない」と説明するが、このままでは延期となる公算が大きい。

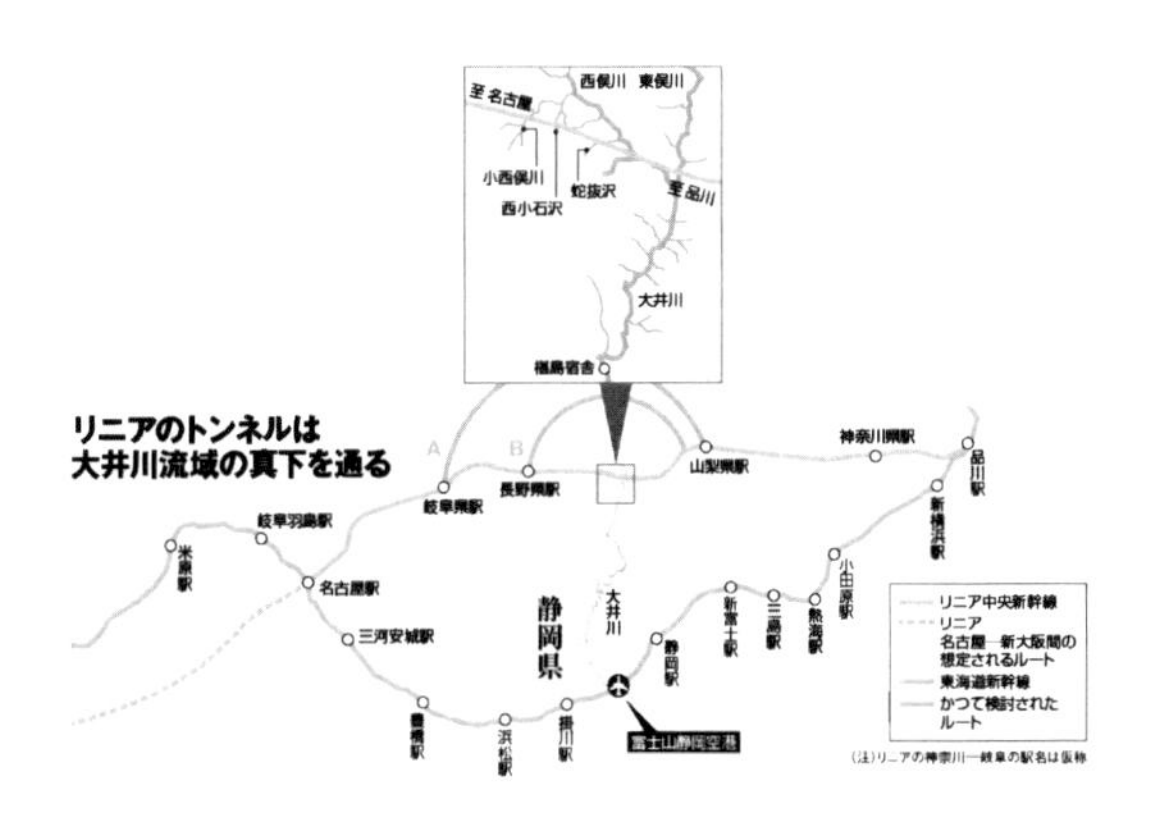
リニアのトンネルは
大井川流域の真下を通る
西俣川
東俣川
至 名古屋
小西俣川
西小石沢
蛇抜沢
至 品川
大井川
椹島宿舎
A
B
岐阜県駅
長野県駅
山梨県駅
神奈川県駅
品川駅
新横浜駅
小田原駅
熱海駅
三島駅
新富士駅
静岡駅
大井川
静岡県
富士山静岡空港
掛川駅
浜松駅
豊橋駅
三河安城駅
名古屋駅
岐阜羽島駅
米原駅
リニア中央新幹線
リニア
名古屋―新大阪間の
想定されるルート
東海道新幹線
かつて検討された
ルート
(注)リニアの神奈川―岐阜の駅名は仮称

リニア開業の遅れを静岡のせいにされるのはたまらないとして、県内からは「他県の工区でも工事が遅れているのではないか」という声も上がる。ＪＲ東海の担当者は、「工事が一時的にはスムーズに進まない局面があることを勘案して工期を策定している」と話し、そもそも工事に入れない静岡工区との次元の違いを強調する。

川勝知事は工事を認めない理由について、「トンネル工事で大井川の水資源が大量に失われ、流域自治体や利水者の理解が得られない」と話す。トンネル工事が南アルプスの生物多様性に影響を及ぼす可能性についても県は懸念している。国はＪＲ東海に適切な環境保全措置を講じるよう求めている。

ＪＲ東海と県の話し合いでは水資源や生物多様性の問題を解決できないと判断した国は、有識者会議を設置して科学的・工学的な検証を行うと決めた。静岡県の難波喬司副知事は、「そこで出る考えは当然尊重すべき内容になると考えている」と話し、有識者会議の出した結論に従う姿勢を見せた。

当初、国は1～2週間に1度のペースで集中的に会議を行い、早期に結論を出したいと考えていた。だが、２０年4月の初会議から9月１８日時点で開催はわずか5回。

ＪＲ東海としては会議のペースを速めてほしいはずだが、宇野護副社長は、「委員から要望のあった資料の作成に時間がかかり、現行のペースでも足りないくらい」と明かす。

有識者会議は開催回数が少ないうえに、議論の内容をめぐって国と県では主張に隔たりがある。７月16日の第4回会議では、福岡捷二座長（中央大学研究開発機構教授）が、中下流域の水利用について「水位や流量が調節されているという方向性が見えてきた」と発言したことから、一気に中間取りまとめに進むのではないかと思われた。しかし、会議後に静岡県の専門部会の委員を兼ねる森下祐一委員（静岡大学客員教授）が「（ＪＲ東海のデータが不足しており）方向性が出ることはありえない」と発言、委員の間で意見の相違があることが露呈した。

８月25日の第5回会議では、それまで会議後に行われていた福岡座長の会見に代わり、「座長コメント」というペーパーが配付された。「コメント作成は全委員にご協力いただいた」と、国土交通省の江口秀二技術審議官は話す。要は、座長コメントは委員全員の了解の下で作成されたものであり、会議後の異論を封じる狙いがある。だが、難波副知事は、「有識者会議で議論されなかったことが書かれている」として、座長コメントの正確性に疑問を呈する。有識者会議への信頼が損なわれると、「結論を尊重する」という県の姿勢が変わる可能性もある。

湧水の戻し方や地下水への影響が解決しても生物多様性の保全という難問が控える。水の問題はＪＲ東海と県の間で議論が重ねられてきた経緯があり、結論が出るまでに長い時間はかからないというのが、関係者間の共通認識だった。それが5カ月経っても着地点が見えない。この後に検討が始まる生物多様性は、両者の間で本格的な議論はなされてこなかった。追加の環境調査が必要になれば、会議の結論が出るまでにはさらに長い時間がかかることになる。

進まない有識者会議の行方を横目に、「リニアの大推進論者」を自認する川勝知事は、品川－山梨県駅間の部分開業を提案し、「世界最速の列車で甲府付近の新駅に行き、そこから世界で最も遅い特急の身延線で静岡に行く。そして新幹線に乗って帰る。富士山周遊という夢のある話だ」と自らの構想を語った。ＪＲ東海は、「品川－名古屋間を前提に車両基地などの設備を配置しており、部分開業は現実的に難しい」とするが、品川－名古屋間の開業が遅れるようだと、この提案を本気で検討する必要性が出てくるかもしれない。

川勝知事は、ルート変更にも言及している。リニアのルートは現行（Cルート）のほかに、難工事となる南アルプスを迂回し、甲府付近から木曽谷を経て名古屋に行くAルート、伊那谷を通って名古屋に行くBルートの3案があった。Cルートはもともと難易度が高いとされてきたが、地形・地質調査の結果、国とJR東海はCルートの建設は可能と判断し、直線ルートのため所要時間が短く建設コストも安い現行ルートを選択したという経緯がある。金子社長は「ルート変更はありえない」と話す。ただ、Bルート上にある諏訪市は観光が盛んなだけでなく、セイコーエプソンの本社をはじめ、ハイテク産業の工場が集積する。市もリニアを待望していた。歴史に〝IF〟はないが、もしBルートで決まっていたら、事態がここまでこじれることはなかっただろう。

静岡にメリットを

リニアが通る各都県にはJR東海がリニアの新駅を設置するが、南アルプスの奥深くを通る静岡は素通りだ。川勝知事は、「静岡県にもメリットが必要」と言う。リニア新駅の代わりに東海道新幹線の新駅を設置するという構想もあった。2009年に開港した富士山静岡空港の真下には東海道新幹線が走っている。そこに空港直結の新駅を造れば空港と東京が新幹線で直結し、空港の利便性が向上する。ただ、JR東海は「技術的に困難」「隣の掛川駅と近い」といった理由から空港新駅には否定的だ。

JR東海は「リニアが開業すれば静岡県にもメリットはある」と反論する。その筆頭に挙がるのは、東海道新幹線の停車本数増だ。確かに、県庁所在地がある静岡駅には日中にひかりが1時間に1本、こだまが2本しか止まらない。リニア開業で速達タイプののぞみが廃止されれば、代わりにひかりやこだまの本数が大幅に増え、県内の利便性は格段に高まる。浜松市の鈴木康友市長は自身のブログで、浜松駅の停車本数が大幅に増えることで、「ビジネス客も観光客も増加する」と期待を隠さない。

自治体ごとに見れば、静岡市が大きなメリットを享受している。静岡市は市の中心部と工事現場とのアクセスを改善するトンネル新設に関わる協定をJR東海と6月に結んだ。もともとあった道路は道幅が狭く、土砂崩れなどで通行止めになりやすいため、トンネルを造ってほしいという要望が地元から出ていた。新設費用の約140億円はJR東海が全額負担する。19年は80億円を投じて林道の改良工事を行う協定を市と結んでいる。さらに、リニアの工事を行う椹島（さわらじま）ヤードの作業員宿舎は工事完了後、南アルプスエコパークのリゾート施設として活用される予定だ。生物多様性の問題についても、JR東海はもし県や市が自然環境保全に関わる基金やファンドを設立するのであれば、「相応の協力の用意がある」と説明している。

こう並べると静岡にもそれなりのメリットがあるように見えるが、大井川流域市町のように負担が大きい割に恩恵が少ないと考える自治体もある。最近の川勝知事は「メリット」に関して口をつぐむ。それはどんな地域貢献ができるのかJR東海に考えてほしいという無言のメッセージとも取れる。JR東海が地域に直接足を運び、その声を丁寧にすくい上げることが、問題解決の第一歩だ。

（大坂直樹）

県から静岡市への権限移譲で動き出す

リニア「工事再開」への〝秘策〟

静岡経済新聞編集長・小林一哉

リニア静岡工区着工をめぐる問題は、解決の糸口さえ見えない。国土交通事務次官まで乗り出して交渉に当たったが、川勝平太静岡県知事の厚い壁に跳ね返された。国はなすすべを失ったかのようだが、実は県から文句の出ない最強の〝秘策〟がある。

トンネル本体と無関係の「準備工事」さえ認めない川勝知事の強硬姿勢の源は、河川法に基づく河川占用の許可権限。1級河川である大井川168キロメートルのうち、駿河湾から上流約26キロメートルを国、そこから源流部まで約142キロメートルを県が管理する。リニアトンネル建設予定地の西俣川、大井川（分岐点から東俣川と呼ぶ）は県管理であり、河川に工作物を新設する場合、JR東海は知事の許可を得なければならない。ところが、トンネル地下４００メートルの大深度を走るにもかかわらず、川勝知事は中下流域の「利水上の支障」を盾に認めない。どうすればいいのか。

次の路線計画にある静岡県下の河川を見てほしい。

静岡県下の河川

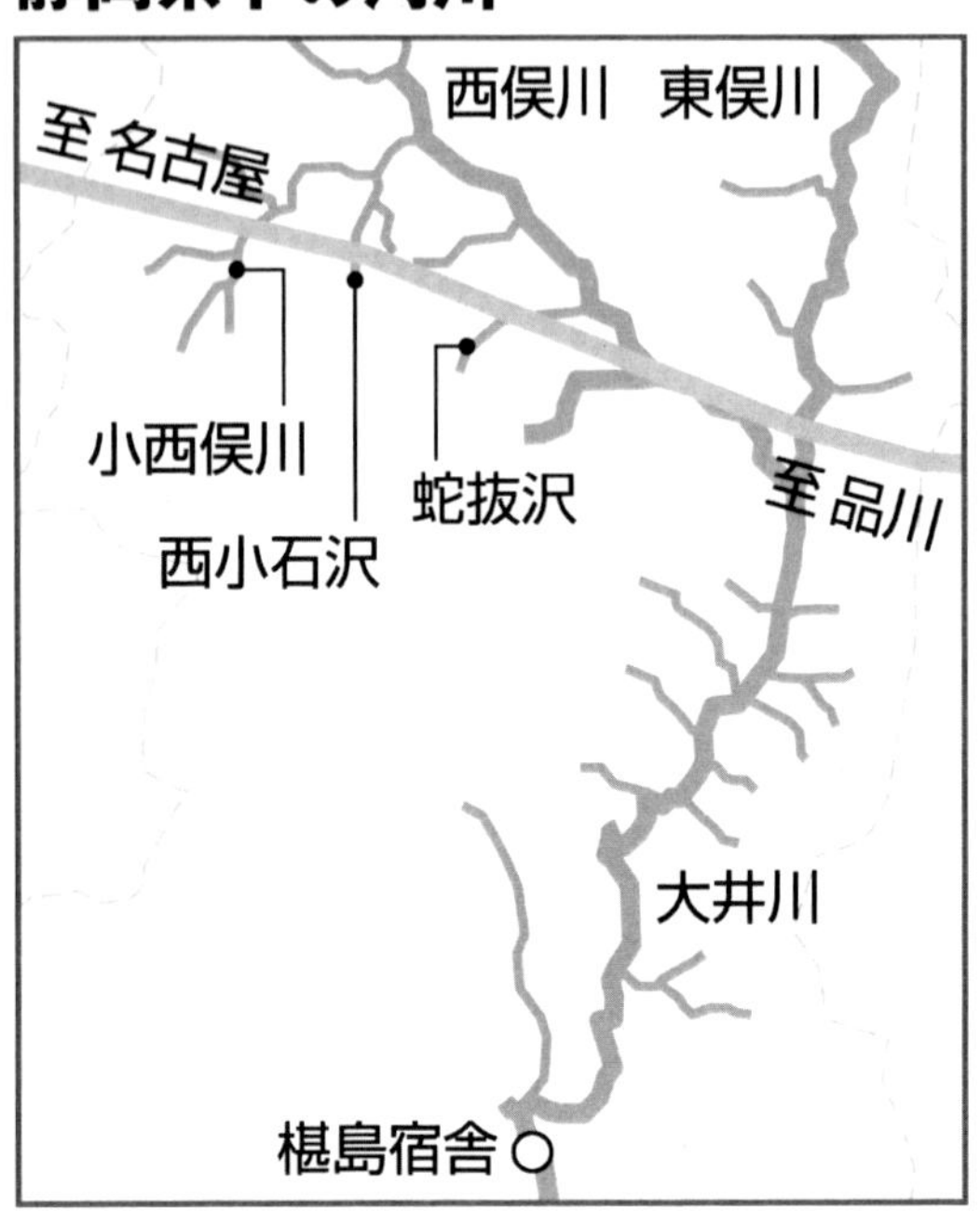

リニアのトンネルは静岡県に入ると、県管理の東俣川、西俣川の2カ所を通過するが、そこだけではない。西俣川の支流の蛇抜沢、西小石沢、小西俣川の「普通河川」3カ所も通過する。普通河川であってもJR東海は工事に際し許可申請が必要となる。普通河川は静岡市が管理し、市条例が適用されるから、知事ではなく田辺信宏静岡市長の許可が必要となる。

驚くことに、県と違い、市はJR東海との協議をすでに終え、トンネル建設を許可する方針であることがわかった。さらに河川法では、政令市の長にも1級河川の管理権限があるので、県が管理する大井川を静岡市が管理することは法律上問題ない。井川地区から源流部までの河川流域すべてが市管理となれば、リニア工事はスムーズに進む。

河川法施行規則は、貴重な自然環境の保全を河川管理と一体化することを求める。川勝知事が問題にする南アルプスエコパークの保全は、もともと県ではなく、静岡市の役割だ。自然環境保全条例も県から市に移譲すれば、エコパーク保全を推進できる。

国の全面的支援が必要

川勝知事は権限移譲を推進してきた。リニアに関する権限のうち、森林法、土壌汚染対策法、県土採取等規制条例などすべて静岡市に移している。静岡市はすでに市内5カ所の1級河川管理も行っている。静岡市が手を挙げれば、県は反対しないはずだ。大井川の権限移譲について県幹部に聞くと、「まったく問題はない。大歓迎」と答えてくれた。

もし、静岡市が大井川の管理に乗り出すことになった場合、市の財政面、人的面の負担が最大のネックとなる。そのためには国交省河川担当部局の全面的な支援が不可欠だ。国交省は旧建設省、旧運輸省の寄り合い所帯である。県から市への権限移譲を実現するためには国交省が一枚岩になれるかどうかがカギとなる。

また、JR東海も静岡市任せにせず、中下流域の不信感を払拭するために地域貢献に打って出たほうがいい。例えば、当初、JR東海が提案した川根本町と井川地区を結ぶ静岡市閑蔵線トンネル建設は、中下流域と南アルプスを結ぶシンボルとなる。観光面でも流域住民の期待は大きい。何より、川勝知事が市道トンネルの重要性を繰り返し発言してきた。地域に寄り添う姿勢を示すことで、リニア着工の道はおのずと開くはずだ。

小林一哉（こばやし・かずや）
１９５４年静岡県生まれ。７８年静岡新聞社入社。政治部、文化部記者などを経て、２００８年退社。１８年から現職。久能山東照宮博物館副館長も務める。

貨物が握る「北の鉄路」の命運

２０２０年８月２８日、東急がＪＲ北海道に運行を委託する形で実現した豪華観光列車「ザ・ロイヤルエクスプレス」の出発式で、北海道の鈴木直道知事は力を込めた。「コロナ禍において厳しい状況にある北海道の観光、鉄道の旅にとって大きな一歩となることを心から期待している」――。

訪日客需要の蒸発で北海道の観光は壊滅的打撃を受けるが、それでも突き進まなければならない。ＪＲ北海道の島田修社長が話す。

「北海道は人口減少が避けられず、交流人口を増やしていくところに活路を見いださなければ、この先の展望が開けない。その中の大きな柱が何といっても観光だ」

出発式の３日後、今度はＪＲ北海道がキハ２６１系「はまなす編成」を公開した。経営難のＪＲ北海道が２８年ぶりに新造した観光列車。それでも島田社長は控えめだ。

「評価をいただけるのはありがたいが、これは身の丈に合った〝観光列車〟だ。年間300日運行するうちの半分は定期列車に使う。新造といっても現在函館方面・釧路方面を走っている特急車両と何も変わらない」

コロナ禍で資金繰りに奔走する島田社長だが、JR北海道の構造的赤字については、もはや自力ではいかんともしがたい状況だ。

分割民営化で長大な赤字ローカル線を割り当てられ、6800億円の経営安定基金の運用益で鉄道の赤字を賄うのがJR北海道の経営構造だ。しかし、全線が赤字という状況にコロナが追い打ちをかけ、20年度は「300億円以上の減収」（島田社長）となる見通しだ。4~6月期だけでも連結最終赤字は過去最大の126億円。経営安定基金の運用利回りは3%余りだが、民営化時に想定された7%台は夢また夢。もはや経常黒字が出せる構造にはない。特別利益＝公的支援が会社の存続を左右する「政治的会社」（与党国会議員）となっている。

道や沿線自治体からの支援はおぼつかない。JR北海道が「単独では維持困難」とするローカル線の赤字は年間120億円。JR北海道は、これを国、道と沿線自治体、JRの3者で40億円ずつ引き受ける計画を立てた。

■ JR北海道の2020年度第1四半期連結決算

営業収益	207億円	鉄道の収支は大赤字
（鉄道収入	57億円）	
営業費用	446億円	
営業損益	▲239億円	
基金運用益など	71億円	"生命維持装置"があっても赤字
経常損益	▲167億円	
特別利益（国からの助成など）	34億円	"政治"が大きく影響
⋮		
最終損益	▲126億円	それでも大赤字

（注）▲はマイナス

線路使用料は安すぎる

しかし鈴木知事は、「利用促進事業以外の地元の財政負担は受け入れられない」とにべもない。沿線自治体ではそれぞれ協議会をつくり利用促進に向けた議論を続けるが、「鉄道は通院のために月に1~2回利用するかどうか」という住民ばかりでは収支改善は絶望的だ。前の知事の時代には総務省が所管する「地方財政措置」も検討されたが、「そもそも国土交通省に支援スキームがあるのに、総務省が出ていくものではない」(長谷川岳前総務副大臣)。

道などが出資する第三セクターを活用した「上下分離」の議論も財政難を理由に封印され、頼みの綱は国の支援だけだ。

その国の支援では貨物走行区間の修繕費、青函トンネル維持費など2019~20年度の2年間で400億円以上が助成されている。ただ、この支援の根拠法は21年3月で期限が切れる。その期限の延長と支援の増額について、水面下で激しい政治的攻防が始まっている。

「JR貨物は北海道をもっと支援するべきだ。安い線路使用料に貨物は甘えている」

9月2日、北海道と四国選出の国会議員や国交省鉄道局に加え、JR北海道、JR四国の幹部が出席した会合で吉川貴盛衆議院議員（北海道2区）が声を荒らげた。

分割民営化の際、全国のJR旅客会社の線路を貨物列車が格安の使用料で走ることができる「アボイダブルコストルール」が定められた。この線路使用料をめぐって、JR北海道は「貨物走行区間の維持に約200億円かかる一方で使用料収入は約20億円。負担が大きすぎる」との主張を続けてきた。JR貨物はその都度、「それがルール」と突っぱねている。

そもそも線路使用料はJR7社全体で協議し改定するもので、線路使用料が安いからといってJR貨物が北海道を支援する理由はない。ただ、「根室線の一部廃止を打ち出すなど赤字線区を絞り込んだうえで、貨物走行線区の維持費について支援増額が認められるのではないか」（JR関係者）との見立てもあり、まさに〝政治決着〟が模索されている。

JR北海道とJR貨物の因縁は、北海道新幹線でも深いものがある。

北海道新幹線は、青函トンネルを挟んで82キロメートルにわたって在来線とレールを共用している。新幹線の標準軌の中に貨物列車が走る在来線の狭軌が収まる「三線軌条」だ。この区間もJR北海道が国の支援を受けて整備しているが、ここで貨物列車と新幹線車両がすれ違うと、風圧でコンテナが傷むおそれありとされ、時速320キロで走れる車両が160キロまで速度を落とす。JR北海道は新幹線の札幌開業時（2031年春）までにこの問題を「抜本解決」するよう国に求めていて、実際、18年から19年にかけ国はひそかに本州－北海道の物流の「海上転換」、すなわち鉄道貨物を廃止し船に切り替える案を模索した。

これにJR貨物や農作物を本州に出荷するホクレンが猛反発。国交省は31年春時点では共用走行を残し、新幹線の高速走行（最高時速260キロ）は貨物列車と「時間帯区分」とすることで実現させることになった。内部資料によれば、そもそも北海道新幹線は札幌開業まで年間110億～150億円程度の営業赤字が続く。共用走行があだとなり高速走行できる列車が1日数本では、東京－札幌間を4時間半で結んで乗客を3倍にし、新幹線の収支を黒字化させる計画は根底から見直しを迫られることになる。共用走行の解消は、ＪＲ北海道の悲願なのだ。

カギを握る貨物新幹線

一方、この北海道新幹線を「金の卵」と見るのがＪＲ貨物だ。真貝康一社長は、「新幹線を人流、物流の両方で活用することは、コロナ禍や災害の激甚化の中、持続可能な社会生活を実現するため進むべき方向だ」と話す。

１６年度に鉄道事業の黒字化を達成したＪＲ貨物は上場も視野に入る。豊富な不動産を持ち、時価総額は１０００億円とも２０００億円ともいわれる。そのＪＲ貨物は、貨物駅構内にマルチテナント型の物流施設を相次いで建て、構内オペレーションのＩＴ化も推進して駅の高度化を進めている。２２年度に開業する新・仙台貨物ターミナル駅では無人運転のトラックなども走るスマートターミナルが実現する。その駅と駅を結ぶインフラに貨物新幹線が加わることで、物流ネットワークの価値をさらに高めていくというのが、ＪＲ貨物にとっての「貨物新幹線構想」だ。

想定される貨物新幹線のイメージとルート

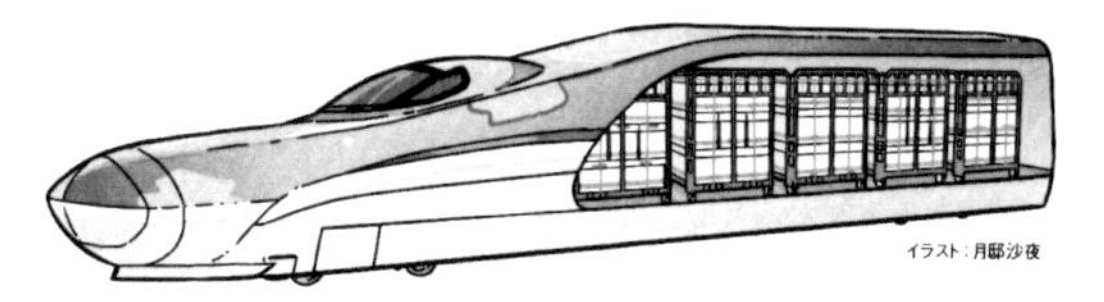

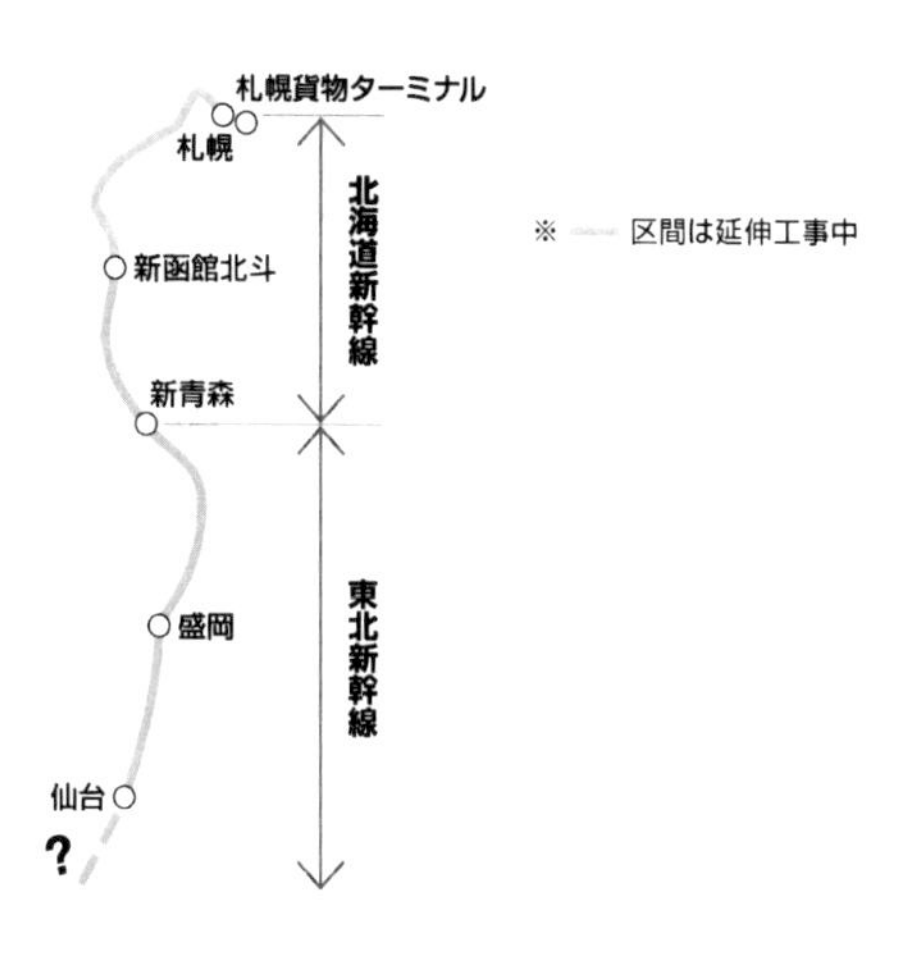

車両はE5系をベースにロールボックスパレットを積み込む方式で、積載量は10両1編成で70トンほど。製造費は1編成で約44億円だ。ただ、車両製造費を除いても積み替え整備などの導入に600億〜1800億円かる。さらに東北新幹線のダイヤを想定すれば、札幌からどんなに延びても仙台までが限界だろう。速達性は増すが、新幹線を使うことで運賃は割高となる。問題はこうした制約の中で、割高な運賃を払ってまで利用する荷主がどれだけいるか、だ。「運賃を支払うのは消費者であり荷主だ。多様な輸送手段がある中で、どういう需要が見込めるか。ただ、実現すれば物流全体の価値を確実に向上させるものであり、大きな転換になる」（真貝社長）

JR貨物は、貨物新幹線が実現しても道内の在来線からの撤退は想定していない。だが、新幹線の札幌延伸後にJR北海道から経営分離される並行在来線（長万部－五稜郭間）の存廃、その前提となる貨物調整金（31年度に新制度に移行）の行方によっては、JR貨物が北海道の在来線から撤退する可能性は否定できない。そうなれば、貨物新幹線の議論は一気に加速する。

仮に本州と札幌を結ぶ貨物新幹線が実現すれば、道内発の貨物の大部分が海上輸送に移る一方、本州発の宅配便など小口貨物は貨物新幹線が運ぶことになるだろう。青函区間の共用走行の問題は解消され、新幹線の高速化は制約がなくなる。北海道の鉄道事情に詳しい北海道大学の吉見宏教授は、「JR東日本は時速360キロでの営業運転を目指すALFA－Xの試験走行を進めている。貨物新幹線の導入で共用走行が解消され、北海道新幹線の最高時速が350キロ程度になれば、メリットはかなり大きい」と話す。

当事者たちはどう考えているのか。JR北海道の島田社長は「貨物新幹線に現在の物流量を全部移すのは無理。貨物新幹線、船、航空輸送。こういう形に最終的に置き換えていくことを目指すべきではないか。それが共存の道だ」と言う。一方、JR貨物の真貝社長も「われわれは上場に向かう中で、成長戦略を描いていく必要がある。貨物新幹線を含め、それを旅客会社と一緒に描いていければいいと思う」と期待を込める。

貨物新幹線は、技術的問題、需要や財源など課題は無限にある。だが、少なくとも関係者が議論のテーブルにつくことで、複雑に絡み合った旅客と貨物の利害が整理されることもあるはずだ。青函問題の議論はここ2年以上堂々巡りを続けたが、貨物新幹線をきっかけに「抜本解決」に向かうことが期待される。

（森　創一郎）

私鉄・第三セクター鉄道の瀬戸際

「混雑対策」「輸送力増強」が永遠の課題と思われていた都市部の鉄道。新型コロナウイルスの感染拡大で、その状況は一変した。これまで屋台骨であった通勤・通学需要が揺らぎ、車内が「密」であるとして電車を避ける動きもある。「これまではいかに混雑緩和を進めるかに頭を悩ませてきたが、今や集客策が課題になってしまった」。首都圏の大手私鉄関係者は語る。「将来の人口減」に備えつつあった私鉄各社は、コロナ禍による「現在の需要減」への対応を迫られている。

ＪＲとともに大都市圏の通勤・通学輸送を支える大手私鉄。全国１６社の輸送人員は、１９９０年代にバブル崩壊後の景気低迷に伴っていったんは減少した。が、２００４年度に底を打ってからは、０８年のリーマンショックや１１年の東日本大震災の影響などで上下はあったものの、増加傾向が続いてきた。12年度以降は雇用情勢の回復や訪日客の増加を受けて右肩上がりが続き、18年度には105億1300万人に。バブル期をも上回る過去最多を記録し、「わが世の春」を謳歌していた。

だが、コロナ禍はその快走に急ブレーキをかけた。感染拡大に伴う外出自粛により、20年2月以降は利用者の減少が加速。19年度の16社合計輸送人員は0・2％減の104億8700万人となり、8年ぶりに前年を割り込んだ。そして4月の緊急事態宣言による外出自粛で、各社は未曾有の乗客減少に見舞われた。

以前の状況には戻らない

20年4月の大手私鉄各社の運輸収入は、軒並み前年の5割程度まで減少。緊急事態宣言の解除後は定期客を中心に回復傾向にはあるものの、第1四半期決算は16社すべてが最終赤字という過去にない異例の事態となった。「コロナ禍が収束しても、以前の状況には戻らないだろう」。鉄道関係者は口をそろえる。大手私鉄で9月上旬までに20年度の業績予想を発表したのは、東武鉄道、小田急電鉄、京浜急行電鉄の3社のみ。各社、旅客数は前年や従来の想定と同レベルには戻らない前提だ。

理由は言うまでもなく、テレワークの浸透だ。

内閣府が5月25日~6月5日に実施した調査によると、緊急事態宣言下、何らかの形でテレワークを行った人は東京圏で48・9%、大阪圏・名古屋圏で32・9%。東京圏では1週間の中で通勤にかける時間が半分以上減った人が3割に達しており、通勤時間が減少した人の約7割が、今後もこの状態を「保ちたい」「どちらかというと保ちたい」と回答している。大手企業でも通勤手当を廃止する動きが相次ぐ。

緊急事態宣言解除後も軒並み3割程度減

―大手私鉄15社の旅客運輸収入(前年同期比)―

(単位：%)

	4月			7月		
	定期	定期外	計	定期	定期外	計
東武	▲28.9	▲68.4	▲51.2	▲21.2	▲38.2	▲30.5
西武	▲27.9	▲68.6	▲51.0	▲22.5	▲34.8	▲29.3
京成	▲24.0	▲76.0	▲59.7	▲22.2	▲55.5	▲44.6
京王	▲32.7	▲71.7	▲55.4	▲27.8	▲34.0	▲31.3
小田急	▲33.5	▲73.0	▲57.7	▲28.3	▲38.5	▲34.3
東急	▲32.2	▲70.3	▲53.7	▲29.5	▲30.5	▲30.0
京急	▲30.8	▲71.4	▲56.4	▲22.9	▲43.7	▲35.7
相鉄	▲24.7	▲64.0	▲45.2	▲22.0	▲29.1	▲25.6
名鉄	▲28.3	▲70.8	▲52.9	▲16.0	▲43.8	▲31.5
近鉄	▲29.1	▲74.6	▲61.1	▲13.1	▲41.5	▲32.4
南海	▲21.9	▲72.8	▲54.0	▲16.0	▲45.9	▲34.4
京阪	▲21.5	▲68.0	▲54.1	▲17.3	▲35.2	▲29.3
阪急	▲22.4	▲67.7	▲52.8	▲17.0	▲31.4	▲26.3
阪神	▲17.5	▲66.5	▲49.9	▲14.1	▲37.2	▲29.2
西鉄	▲28.9	▲69.3	▲55.0	▲16.8	▲35.9	▲28.6

(注)▲はマイナス　(出所)各社の月次営業概況を基に東洋経済作成。東京メトロは除く

8月以降は再び減少傾向に

―中小私鉄各社の輸送人員(前年同期比)―

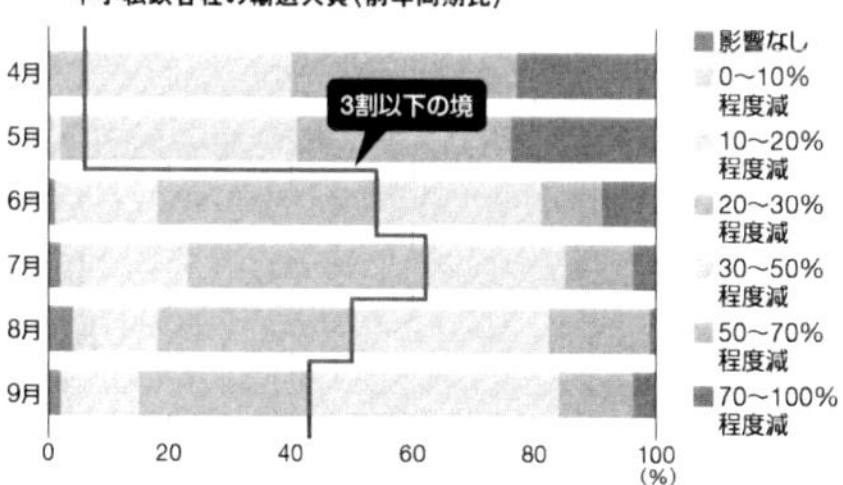

(出所)国土交通省「新型コロナウイルス感染症による関係業界への影響調査(鉄道)」対象は142事業者。9月は見込み

これまで推進していたソフト面での混雑対策を取りやめる例も出ている。東急電鉄は、16年から田園都市線の三軒茶屋－渋谷間で実施していた、電車の定期券で同じ区間を走るバスに乗れるキャンペーンを9月いっぱいで中止した。同線は朝ラッシュ時の混雑率が首都圏有数の182%(18年度)。バスを併用してもらい、少しでも混雑を緩和しようとの施策だったが、「コロナ禍によって混雑率が下がった」(東急)として中止を決めた。

ただ、ソフト面での対策はともかく、利用者が減少してもラッシュ時の電車本数を減らすのは難しい。車内の「密」を生みかねないだけでなく、本数を減らしてもコスト削減の効果は少ないのが実情だ。鉄道事業における費用は車両や施設の減価償却費、維持管理費などが大半を占め、列車を動かすための動力費は数%にすぎない。

収入の減少に対して各社が検討を進めるのは、設備投資計画の見直しだ。たとえば小田急は、20年度内に5編成を導入する予定だった新型車両「5000形」を4編成に。「コロナ禍による減収に伴う見直しの一環」という。

今後、合理化の一環としてありえそうなのは駅の無人化だ。西日本鉄道は利用者の少ない計24駅を10月から遠隔管理方式に切り替え、実質的に無人化する。対象となる区間は90年代から利用者の減少が続いており、無人化はコロナ禍の影響ではない。だが、アフターコロナの社会で利用者が減り続ければ、人件費や維持費のカットにつながる駅の無人化が各社で進むことは十分考えられるだろう。

「密」を避けて郊外に活路

一方、都心から郊外へ路線網を延ばす私鉄各社が活路を見いだすのは「郊外」だ。在宅勤務の浸透で通勤の頻度が下がる中、住宅コストが高く「密」になりやすい都心部を避け、郊外へ移住する動きが生まれつつある。近年、郊外住宅地の開発に力を入れてきた東武は現在、獨協大学前（伊勢崎線）、流山おおたかの森、船橋塚田（ともに野田線）でマンションを販売しているが、いずれも売れ行き好調という。また、清水公園（野田線）で展開する戸建て分譲では、これから販売する物件に「テレワークコーナー」などを用意したところ、「販売説明会がすぐ満席になる」という。同社は「準郊外の居住環境へのニーズが高まっていると感じる」と、今後の展開に手応えを示す。

大手私鉄にとって沿線の郊外開発はお家芸。各社が抱える流通業も、都心部の百貨店などが苦戦を強いられる一方、郊外型のスーパーなどは堅調だ。アフターコロナの私鉄経営では、しばらく低迷していた「郊外」がキーワードになる。

ローカル鉄道に大打撃

都市部の大手私鉄も苦戦を強いられる中、さらなる苦境に陥っているのは地方の中小私鉄や第三セクター鉄道などだ。人口減少やマイカーの普及を受け、もともと厳しい経営環境にあったところをコロナ禍が直撃した。

国土交通省が実施した新型コロナウイルスの影響調査によると、4・5月は調査対象となった中小私鉄142社のうち半数以上で乗客数が前年同期比50％以上減少。ローカル鉄道を支える主な利用者層である通学需要の激減が大きな要因とみられる。緊急事態宣言解除後の6月以降も大手私鉄に比べて回復は遅く、8月も約2割の事業者は半減かそれ以上の減少となっている。

従来車両の置き換えという、会社発足以来の大プロジェクトに影響が出そうな例もある。北陸新幹線の開業に伴い、長野県内の並行在来線運営を引き継いだ第三セクターのしなの鉄道だ。同社はこれまでJR東日本から譲渡された中古車両を運用してきたが、20年から新造車両を導入。今後8年間で計52両を投入する計画だ。

だが、19年の台風やコロナ禍の影響を受けて19年度決算は最終損益が3200万円の赤字となり、15期ぶりに赤字転落。4月以降はコロナ禍によって利用者数の低迷が続き、車両計画の見直しを迫られている。具体的な削減数は検討中だが「減らすことは確定している」という。

岡山県を中心にバスや鉄道などを運行する両備グループの小嶋光信代表兼CEO(最高経営責任者)は地方交通の現状について、「もともと経営が厳しい事業者が大半で、さらにコロナ禍で利用者数の回復が見込めない状況においては、これまでの制度では維持できない。国として地域公共交通をどう維持していくのか判断しなければならない時期に来ている」と指摘する。コロナ禍は交通体系のあり方に大きな課題を投げかけている。

(小佐野景寿)

道路予算で鉄道の再生を

関西大学教授・宇都宮浄人

お店を開けて、「当店の商品はなるべく使わないでください」と店頭で叫ぶ商店主はいない。それでは商売は成り立たない。

そんな「商売」を強いられたのが公共交通である。新型コロナウイルスの感染が広がる中、政府は移動自粛を呼びかけ、交通事業者は駅や車内でこれをアナウンスした。一方、事業者自身は、人々の生活を支えるため、ほぼ平常どおりの運行サービスを求められた。

けれども日本の場合、公共交通の運営はあくまで「商売」である。社会に必要なサービスを提供するという公益性が求められながら、収支のやり繰りもしなければならない。

これに対し、欧米の先進国ではこうした問題は発生しない。欧州でも民間事業者が参入しているものの、日常生活の足となる地域公共交通は、都市間交通とは区別されたうえで、公的にサービスされるものという位置づけになっている。事業者は公共サービス義務（ＰＳＯ：Public Service Obligation）を担い、そのために公的な資金が提供される。

欧米では感染拡大直後に公共交通に対して即座に支援が行われた。4月初めの時点で、米連邦交通省は、２５０億ドル（約2兆７０００億円）の支援を発表。独連邦政府は、6月初めの総額１３００億ユーロ（約１6兆円）経済対策のうち、ドイツ鉄道に５０億ユーロ（約６０００億円）、地域公共交通に２5億ユーロ（約３０００億円）を充てると発表した。

一方、日本は、6月の2次補正予算の金額は３2兆円と大きかったが、公共交通関連では、感染予防対策として１４０億円弱の予算が計上されたにすぎない。彼我の差はあまりにも大きい。

この背景にあるのは、日本の公共交通関連予算が極めて少ないことである。

2013年には交通政策基本法が制定されたが、財政的な裏付けがないまま、硬直的な予算配分が続いているのである。

増え続ける道路予算

国土交通省の当初予算における、道路整備事業費、新幹線事業費、地域公共交通関連の予算を見たものである。これから明らかなとおり、20年度の道路整備は4兆5799億円と圧倒的に多い。大都市圏の鉄道整備を含む都市幹線鉄道の805億円に、地域公共交通確保維持改善事業等の国費を加えても1022億円であり、金額としては道路整備の2%余りにすぎない。新幹線予算とて、道路整備の1割に満たない。

日本の場合、鉄道は、大都市圏を中心に民間投資が中心であった。道路と鉄道では総延長も異なる。その意味で、単純な絶対額の比較では判断できない。

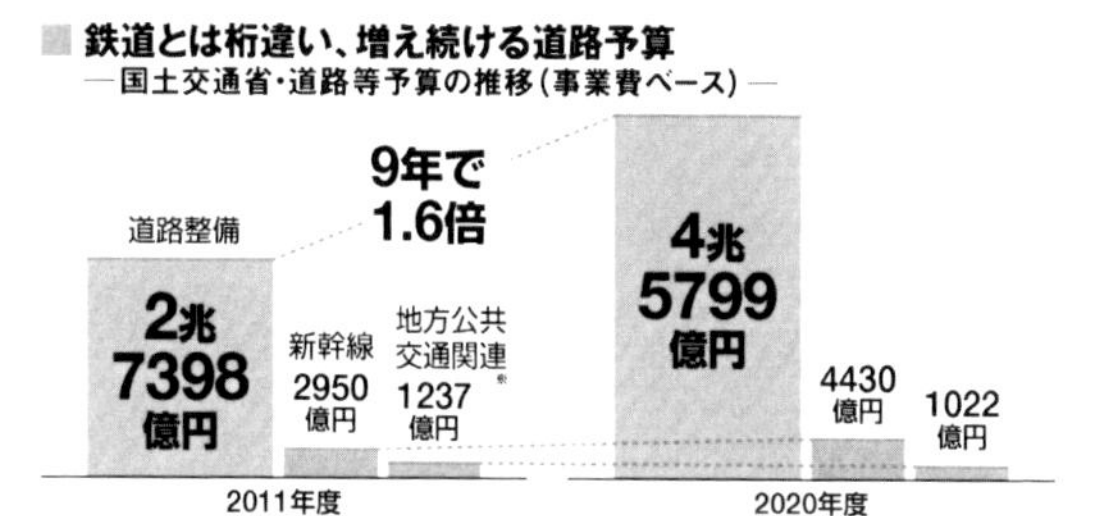

(出所)国土交通省各年度「国土交通省関係予算総括表」「総合政策局関係予算概要」「鉄道局関係予算概要」「自動車局関係予算概要」「都市局関係予算概要」

しかし、両者は予算の伸びも大きく異なる。20年度の地域公共交通関連（注）の予算は11年度対比で17％の減少である。交通政策基本法で「財政措置」がうたわれるも、予算面での変化は見られない。一方、道路整備事業費は1・6倍に伸びた。図にはないが、国土交通省の公共事業関係合計の予算が21％増なので、相対的に見ても道路整備事業費の伸び率は高い。

それでは、海外の鉄道は予算が潤沢なのであろうか。ドイツの場合、自動車のガソリン税などを含むエネルギー税が公共交通にも使われるが、投資の内容を道路から鉄道に切り替えてきた。連邦交通路計画を見ると、1975年から85年までの投資計画では、連邦道路のシェアが71％、連邦鉄道が22％であったのが、16年に公表された30年までの計画では、それぞれ49％、42％と拮抗している。

また、筆者が17年度に滞在したオーストリアの場合、公共交通の特定財源はなく、一般会計予算を組み替えてその財源を捻出している。日本の国道や県道に当たる道路を管理している州政府の一般会計予算について、オーストリア中東部の主要な3州（ニーダーエスタライヒ州、オーバーエスタライヒ州、ザルツブルク州）を見ると、公共交通関連の17年予算は11年比で各州とも大幅に伸びており、交通土木予算におけるシェアも高まっている。一方、道路建設・維持の予算は、この間の約10％の物価上昇率を考えると、ニーダーエスタライヒ州が実質横ばい、他の2州は減少である。

予算配分の見直しは容易ではない。オーストリアでも反対の声はあったという。しかし、欧州では、持続可能な地域社会を築くということが、最重要の政策課題である。そのために政治も役所も本気で取り組んでいる。今回のコロナ危機からの脱却もグリーンリカバリーと名付け、環境重視の経済政策を加速、そうした中で、公共交通の投資を戦略的に位置づけているのである。

ひるがえって日本はどうか。高度経済成長期のシステムをいまだ引きずり、予算配分の大きな手直しもできぬまま、公共事業としての道路と、民間ビジネスとしての公共交通に対して、政策対応の異なる状態が続く。道路整備は公共事業であり、ひとたび災害被害に遭えば、直ちに復旧作業に入る。国、地方自治体の有する専門家集団が総動員され、費用はもちろん公的資金で賄われる。一方、公共交通の復旧は、一義的に事業者の判断となる。事業者への「助け舟」として公的資金が用いられるが、鉄道軌道整備法では、国は4分の1、地方自治体は4分の1の負担で、残りの半分は事業者の自己負担である。法改正で自治体の協調補助がある場合、事業者は3分の1負担となったが、基本は変わらない。

2018年の四国の豪雨災害では、JR四国はぎりぎりの資金で何とか路線復旧を行ったが、一方の道路は、ミカン畑一山を買収し斜面の法面（のりめん）整備を行った。

鉄道だけが移動手段であるわけではないが、地域としてどのような交通が望ましいかは、本来、事業者の収支ではなく、地域全体の収支として判断すべきだ。その際、道路と公共交通の制度の差が、判断を歪めていないか。鉄道は収益性が問われる一方、道路は無料だと勘違いしていないか。高齢化が進む中、さらなる道路投資が本当に地域の魅力につながるのか。交通事故死者数（24時間以内のみ）は、20年も7月末ですでに1548人に達し、65歳以上の高齢者がその半分以上を占めている。

戦後の右肩上がり成長を前提とした制度を改めて、欧州同様、地域公共交通の提供を「公共サービス義務（PSO）」と位置づけ、そのための予算措置を取るという政策転換が必要な時期である。

（注）地方公共交通関連とは、鉄道局の都市・幹線鉄道事業費に地域公共交通確保維持改善事業（総合政策局・国費）、地域交通のグリーン化に向けた次世代自動車普及促進事業（自動車局・国費）、都市・地域交通戦略推進事業（都市局・国費）を加えたものである。なお、都市・幹線鉄道事業費も2020年度の場合、相模鉄道の相互直通運転関連の322億円のほか、大阪のなにわ筋線や福岡市七隈線の延伸の整備費が主たる内容である。

宇都宮浄人（うつのみや・きよひと）
1960年生まれ。84年京都大学経済学部卒、日本銀行入行。金融研究所歴史研究課長などを経て、2011年より現職。『地域公共交通の統合的政策』を小社から10月に刊行予定。

【週刊東洋経済】

本書は、東洋経済新報社『週刊東洋経済』２０２０年１０月３日号より抜粋、加筆修正のうえ制作しています。この記事が完全収録された底本をはじめ、雑誌バックナンバーは小社ホームページからもお求めいただけます。

小社では、『週刊東洋経済 eビジネス新書』シリーズをはじめ、このほかにも多数の電子書籍ラインナップをそろえております。ぜひストアにて「東洋経済」で検索してみてください。

『週刊東洋経済 eビジネス新書』シリーズ

No.326 かんぽの闇 保険・投信の落とし穴

No.327 中国 危うい超大国

No.328 子どもの命を守る

No.329 読解力を鍛える

No.330 決算書&ファイナンス入門

No.345　資産運用マニュアル
No.346　マンションのリアル
No.347　三菱今昔　150年目の名門財閥
No.348　民法&労働法　大改正
No.349　アクティビスト　牙むく株主
No.350　名門大学　シン・序列
No.351　電機の試練
No.352　コロナ時代の不動産
No.353　変わり始めた銀行
No.354　脱炭素　待ったなし
No.355　独習　教養をみがく

週刊東洋経済eビジネス新書　No.356
鉄道・航空の惨状

【本誌（底本）】
編集局　森田宗一郎、大坂直樹、森　創一郎、小佐野景寿
デザイン　杉山未記、佐藤優子、熊谷真美
進行管理　下村　恵
発行日　2020年10月3日

【電子版】
編集制作　塚田由紀夫、長谷川　隆
デザイン　市川和代
表紙写真　尾形繁文
制作協力　丸井工文社

発行日　２０２１年２月８日　Ver.1
発行所　〒１０３－８３４５
東京都中央区日本橋本石町１－２－１
東洋経済新報社
電話　東洋経済コールセンター
０３（６３８６）１０４０
https://toyokeizai.net/
発行人　駒橋憲一

電子書籍化に際しては、仕様上の都合などにより適宜編集を加えています。登場人物に関する情報、価格、為替レートなどは、特に記載のない限り底本編集当時のものです。一部の漢字を簡易慣用字体やかなで表記している場合があります。本書は縦書きでレイアウトしています。ご覧になる機種により表示に差が生

※本刊行物は、電子書籍版に基づいてプリントオンデマンド版として作成されたものです。